AF330699

HALLES CENTRALES

DE PARIS.

De l'État actuel des Halles ;

Des divers Plans proposés, et spécialement du Projet Horeau ;

De la convenance et de la justice du concours demandé à l'État,

Par M. SENARD,

AVOCAT A LA COUR D'APPEL DE PARIS.

Nota. Deux grands modèles en relief, représentant l'exécution du plan de 1845 et du projet Horeau, sont provisoirement exposés dans un des grands salons du Palais-National, rue de Valois, n° 1, en attendant qu'ils puissent être placés et exposés à l'Hôtel-de-Ville.

1850

HALLES CENTRALES

DE PARIS.

Il y aurait témérité, dans le temps où nous sommes, à prétendre fixer l'attention publique sur un travail où doit être traitée, avec tous ses développemens, une grande question administrative. Mais quand cette question touche, de toutes parts, aux intérêts les plus pressans de la société, quand sa solution peut exercer une influence considérable sur la reprise du travail, sur de nombreuses relations de commerce, et jusque sur les conditions générales du bien-être et de la prospérité du pays, il est permis au moins de compter sur le concours des hommes qu'une haute intelligence de la situation conduit à s'occuper avec zèle de tous les progrès et de toutes les améliorations qu'elle peut comporter.

Pour ceux-là, il n'y a jamais d'aridité dans les détails dont l'étude doit amener un résultat utile, et c'est l'importance du but qui fait l'attrait de la route à parcourir. Quant à nous, quelle que doive être l'étendue de ce Mémoire, nous ne craindrions pour nos lecteurs ni l'ennui, ni la fatigue, s'il pouvait nous être donné de faire passer, dans ses pages, quelque chose de l'intérêt que nous avons trouvé dans l'examen de toutes les parties de la question.

Le projet que nous voulons faire connaître se recommande à la fois par son objet, et par la satisfaction que les besoins les plus divers et les plus légitimes doivent trouver dans son exécution.

C'est du travail assuré, pour plusieurs années, à des milliers d'ouvriers dans l'industrie du bâtiment à Paris, et dans les usines les plus importantes des départemens.

Et ce travail est grand, utile, productif.

C'est la création de vastes halles établies au centre de la ville, en contact avec les quais et le fleuve, et où les vendeurs que l'approvisionnement de Paris fait arriver de tous les points de la France doivent, au lieu des gênes et des pertes qu'ils ont chaque jour à souffrir, trouver un accès facile, des abris commodes, et des conditions d'ordre et de régularité qui assurent le placement et la réalisation avantageuse de leurs denrées.

C'est, pour la population du 4ᵉ arrondissement de Paris, la fin d'un état de choses devenu, d'année en année, plus intolérable, sous le double rapport des servitudes imposées aux propriétés privées et de l'atteinte portée à la salubrité. C'est l'air, l'espace, la liberté de circulation, substitués à des miasmes infects, à des cloaques, à de monstrueux encombremens.

Enfin, c'est un accroissement notable dans les revenus du Trésor et dans les branches les plus intéressantes de la fortune publique, conséquence immédiate des nombreuses mutations de propriétés que les travaux projetés doivent amener, et du développement inévitable qu'ils donneront à la consommation.

Le projet de M. Horeau a été conçu et déposé en 1845.

Écarté alors par une administration engagée dans d'autres combinaisons, que les événemens l'ont empêchée de réaliser, et dont l'intérêt public commande aujourd'hui l'abandon, ce projet a été, depuis, mûri encore par des études patientes qui l'ont complété dans toutes ses parties et jusque dans les détails les plus minutieux.

Tout est prêt pour son exécution immédiate.

Les capitaux nécessaires sont réunis.

La soumission est aux mains de M. le préfet de la Seine.

Les conditions auxquelles elle est faite ont l'assentiment de plusieurs membres du conseil municipal qui se sont occupés spécialement de la question.

Il reste maintenant à obtenir l'approbation régulière du conseil, et le concours de l'État, rendu nécessaire par la situation financière de la ville de Paris.

Nous venons provoquer cette approbation et ce concours.

Il n'est pas douteux pour nous qu'ils seront accordés sans hésitation, dès qu'on se rendra bien compte de l'extrême urgence des travaux à faire et de l'excellence du projet qui les résume tous.

Faire connaître l'état présent des Halles centrales de Paris ;

Exposer et comparer les plans proposés à diverses époques, pour remédier à des inconvéniens qui n'ont pas cessé de s'accroître ;

Établir que, soit quant aux avantages matériels, soit quant aux conditions pécuniaires, le projet Horeau a, sur tous ceux qui s'étaient produits jusqu'ici, une supériorité incontestable, et qu'il doit obtenir l'adhésion unanime du conseil municipal ;

Prouver enfin que son exécution n'intéresse pas la ville de Paris seule, mais la France tout entière, et qu'il y a nécessité, convenance, justice, dans le concours demandé au gouvernement ;

Tel est le but de ces observations.

§ 1er.

Etat actuel des Halles centrales.

Il est impossible à qui n'a pas vu le mouvement des Halles centrales de Paris, d'imaginer ce qu'il est aujourd'hui.

Il est impossible à qui l'a vu, de le retracer de manière à en donner une juste idée.

Comment décrire une masse confuse d'hommes, de femmes, de voitures, de bêtes de somme, qui se précipitent, se poussent, s'entrechoquent dans des milieux trop étroits pour les contenir !

Que dire des tumultes, des pêle-mêles, des écrasemens au tra-

§ 1er.
ÉTAT ACTUEL.

vers desquels s'opèrent le déchargement, l'étalage, la vente, l'enlèvement des marchandises : et que dire des entassemens de débris, de pourritures, d'immondices de toute sorte qui marquent le passage de cet étrange tourbillon !

Cependant l'administration, chargée de la police des Halles, apporte dans son service une intelligence et une activité remarquables.

Partout elle règle, dirige, surveille, intervient. C'est grâce à ses efforts qu'une espèce d'ordre se maintient encore au milieu du désordre, que les accidens les plus graves sont prévenus, les rixes promptement arrêtées, et qu'on voit disparaître, avec toute la rapidité possible, les débris fangeux du marché.

Mais la police ne peut qu'atténuer le mal.

Son action fût-elle plus habile encore et plus énergique, elle devrait nécessairement échouer devant les obstacles matériels résultant de l'état des lieux.

Depuis un demi-siècle, la population de Paris s'est presque doublée, et, à part quelques démolitions opérées, après 1811, à l'extrémité des rues des Prouvaires, du Four et des Deux-Écus : à part l'établissement de la Halle aux viandes qui en a été la suite, les emplacemens des Halles sont demeurés ce qu'ils étaient pour l'étendue et pour l'accès immédiat.

Il faut environ 50,000 mètres superficiels pour le service des Halles ; les Halles en offrent à peine 24,000 dans leur état actuel.

Aussi, tout déborde de toutes parts. D'année en année, le flot s'étend et enveloppe une plus grande fraction du 4e arrondissement. La voie publique, les rues, les ruelles, les allées des maisons, les fenêtres, les portes, tout est envahi.

Et il faut voir comment les places se disputent et s'obtiennent, et quelle est la condition des marchands qui apportent leurs denrées aux Halles !

Les légumes, et tout ce qui est compris sous le nom générique de VERDURES, s'étalent et se vendent sans abri.

Les voitures des maraîchers qui les transportent à Paris sont au nombre de 1,000 à 1,200. Elles viennent de la banlieue et des départemens limitrophes ; et telles sont les difficultés d'accès et de déchargement, que, pour arriver à temps, elles doivent partir de manière à se trouver vers onze heures du soir ou minuit aux abords des Halles.

Les premiers arrivés déchargent leurs charrettes, les envoient au stationnement, et quel que soit le temps, quelle que soit la saison, ils restent là toute la nuit, dans la rue, étendus sur les monceaux de légumes qu'ils ont apportés.

Derrière eux se forment de longues files de charrettes, attendant leur tour pendant deux heures, trois heures, quelquefois davantage, et laissant, comme les autres, leur chargement et ses propriétaires exposés à toutes les intempéries.

Les beurres ne sont pas mieux traités. Les constructions destinées à les recevoir, et où ils se vendent à la criée, offrent à peine l'espace nécessaire pour contenir le sixième des arrivages, et il n'y a pas même de caves pour resserrer ce qui n'est pas vendu.

On est obligé de suivre et d'aller compter les œufs chez l'acheteur, faute d'emplacement où l'on puisse procéder à cette opération.

Enfin, les voitures de poisson stationnent, sans possibilité de déchargement, dans la rue Rambuteau, jusqu'au moment où leur tour arrive de se présenter à la criée.

La vente de toutes les denrées commence au point du jour. Les acheteurs affluent de tous côtés, et avec eux les charrettes, les chevaux, les voitures à bras destinées au transport de leurs acquisitions. En même temps, deux ou trois mille porteurs vont et viennent, avec d'énormes hottes, courant au poids public, aux voitures des acheteurs, aux magasins en ville, ou aux gardages dont les Halles sont entourées.

En quelques instans, tout regorge, tout s'écrase, et pourtant il faut que, de temps à autre, cette masse compacte s'entr'ouvre, pour faire place aux chariots chargés de beurre et aux grandes

§ 1ᵉʳ.
ÉTAT ACTUEL.

voitures apportant la marée, dont la majeure partie arrive dans le moment où la Halle est en pleine activité.

Qu'on se représente comment des affaires qui se comptent, à certains jours, par centaines de mille francs, peuvent se trouver traitées au milieu de ce tumulte et de cette confusion !

On vend, aux criées, des marchandises à peine entrevues, et sur lesquelles il ne peut être porté d'enchères que par les personnes que leurs efforts, ou quelques mouvemens de la foule, ont assez rapprochées du crieur pour qu'elles puissent s'en faire entendre.

On vend d'autres marchandises, de gré à gré, sous les pieds des chevaux, sous le choc des passans, avec toutes les chances possibles d'erreur sur les qualités et les quantités, et avec la préoccupation, qui devient à chaque instant plus pénible pour le vendeur, de la clôture imminente du marché.

En effet, à neuf heures du matin, en été, à dix heures, en hiver, la cloche sonne pour la fin de la Halle et le déblaiement des rues et du quartier.

Alors, les marchandises non vendues sont, à peine de saisie, emportées dans la grande resserre de la Halle aux draps et dans quelques resserres particulières. Les tombereaux arrivent pour enlever les détritus de toutes sortes, les boues, les pailles, les verdures, toutes macérées et formant une litière déjà infecte, et la voie publique est rendue à la circulation.

Ainsi, tous les jours, un des quartiers les plus importans du centre de Paris se trouve encombré dans un parcours de 4 à 5,000 mètres, de manière que, pendant plusieurs heures, la circulation y devient impossible. Ainsi, tous les jours, une partie de la rue Rambuteau et de la rue Saint-Denis, la place Sainte-Opportune, la rue de la Féronnerie, la rue Saint-Honoré jusqu'à la rue de la Monnaie, sont obstruées par des étalages qui couvrent non-seulement les trottoirs, mais le milieu même du pavé, à tel point qu'entre minuit et dix heures du matin, une voiture ne peut y pénétrer.

Et en même temps qu'une servitude si étrange pèse sur des voies de communication de premier ordre, les rues adjacentes subissent, avec des conditions plus fâcheuses encore, les conséquences du même état de choses.

Là, dans le labyrinthe des petites rues étroites et sombres qui entourent la place Sainte-Opportune et la place du Chevalier du Guet, l'air manque comme l'espace : Et pourtant, les hommes, les charrettes, les chevaux, les marchandises des Halles viennent s'y amonceler.

§ Ier.
ÉTAT ACTUEL

Là, vous voyez, à chaque instant, des accidens et des rixes dus à des chocs impossibles à éviter : vous trouvez, à chaque pas, des rues transformées en latrines publiques, et des foyers d'infection que des nettoyages continuels, et l'envoi des tombereaux, répété trois et quatre fois par 24 heures, ne parviennent pas à détruire.

Là, le grand nombre de portes et de croisées murées ou tenues closes depuis 20 ans, témoigne de l'état habituel des impasses et des rues sur lesquelles ces ouvertures avaient été pratiquées. Enfin tout vient se résumer, quant à la question d'ordre et de salubrité publique, dans le fait d'une désertion notable constatée, depuis plusieurs années, parmi les anciennes maisons de commerce du quartier, et parmi ceux de ses habitans qui n'y sont pas retenus par des intérêts considérables, ou par la nécessité de gagner leur subsistance même aux dépens de leur repos et de leur santé.

Toutes ces choses que nous retraçons ici dans un langage si froid et si éloigné de leur saisissante réalité, nous les avons vues et revues, et tous ceux qu'un motif quelconque a conduits au quartier des Halles, dans l'heure qui précède ou qui suit le lever du jour, les ont vues comme nous et peuvent en attester l'exactitude.

Et vraiment, quand on songe qu'il n'est guères aujourd'hui de capitales en Europe, guères de villes un peu importantes en France, dont l'approvisionnement ne trouve des abords faciles, des abris assurés, de l'ordre et de la sécurité dans les transactions ; et qu'on rencontre, au sein de notre admirable Paris, tout ce désordre et toute cette barbarie, on ne peut se défendre d'une profonde tristesse, et l'on se demande si c'est aux hommes ou aux institutions qu'il faut s'en prendre de l'inertie qui a laissé un tel état de choses se perpétuer en s'aggravant toujours!

Dès 1811, un décret impérial constatait l'insuffisance des Halles et prescrivait des travaux immédiats d'agrandissement et d'amélioration, et 34 ans se sont écoulés ensuite avant que le conseil municipal en vînt même à prendre les mesures dont l'exécution s'est trouvée une fois encore empêchée par les événemens politiques!

Comment donc n'a-t-on pas compris que, devant de si grands intérêts, et en présence d'inconvéniens qui s'accroissent d'une manière si effrayante, tout retard était sans excuse; et qu'il n'est en vérité ni plan, ni devis, ni conditions dont l'acceptation n'eût été préférable à ces quarante années d'inaction!

Le comprendra-t-on mieux aujourd'hui?

L'excès du mal suffirait pour en faire concevoir l'espérance.

Les excellentes intentions et le dévouement de l'administration doivent en donner la certitude.

Au reste, si quelqu'un pouvait mettre en question l'extrême urgence que nous signalons, qu'il voie par lui-même l'état actuel des choses, et il reconnaîtra bientôt qu'il faut agir, agir au plus vite, et que la délibération ne peut pas porter sur la question de la création des nouvelles Halles, mais seulement sur les moyens de les créer dans les meilleures conditions, et surtout avec le plus de promptitude que faire se pourra.

§ 2.

Plans proposés de 1811 à 1845.

Le projet de 1811, et tous les projets qui l'ont successivement complété ou modifié, reposent sur une même pensée.

Substituer aux quatre ou cinq petites places étroites, irrégulières, mal distribuées, entre lesquelles se divisent les Halles, une grande place qui les réunisse toutes;

Projet Horeau

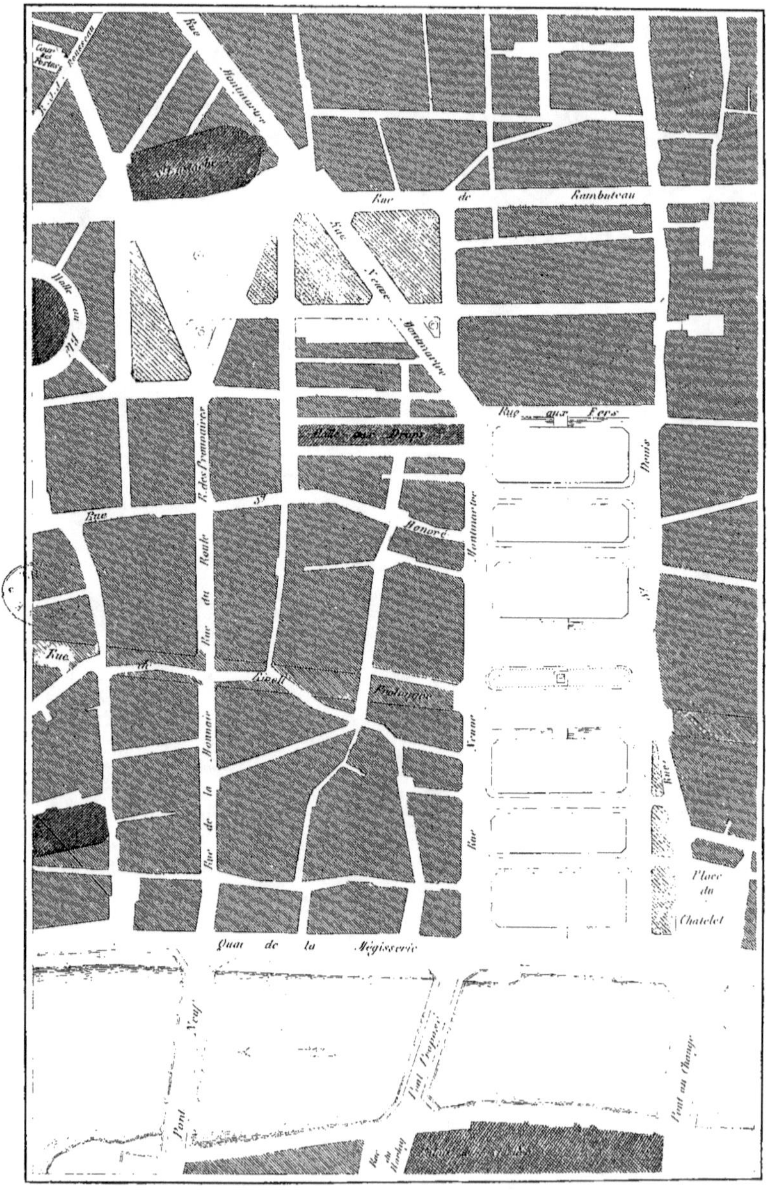

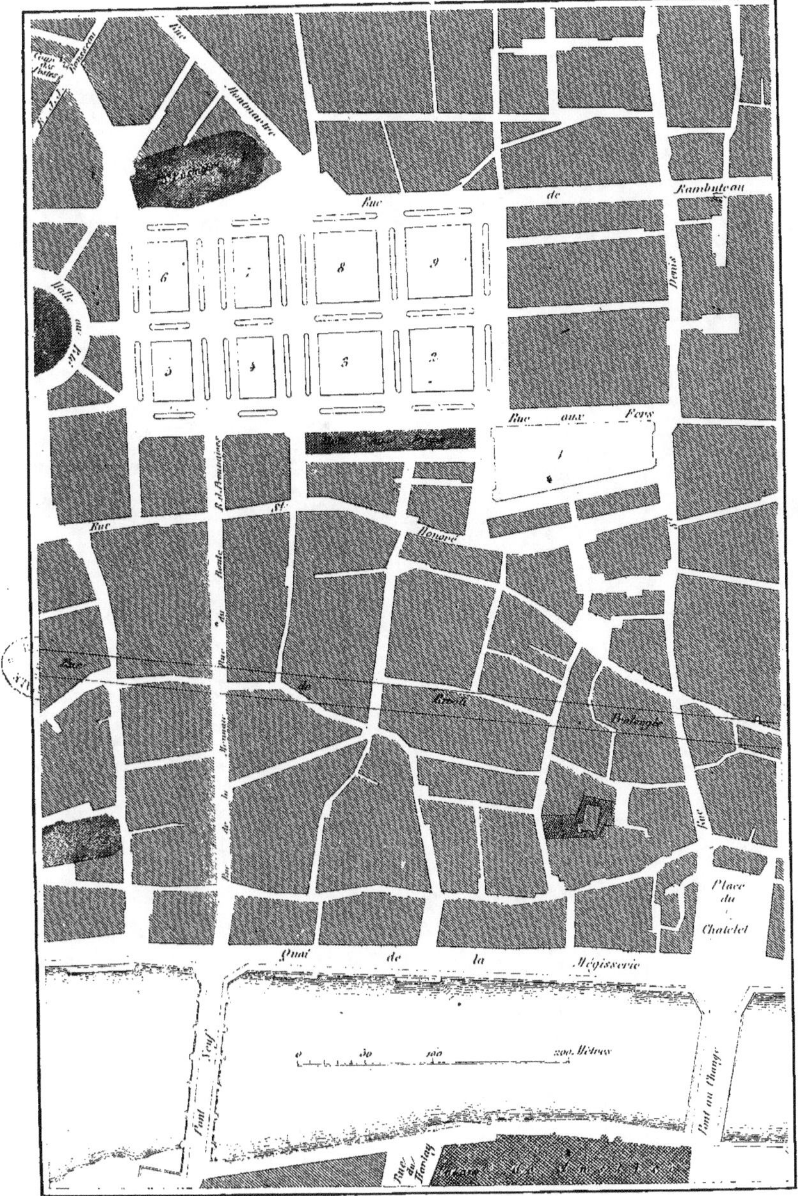
Rue Montmartre
Rue
de
Rambuteau
Denis
Halle
Rue
6
7
8
9
5
4
3
2
Rue aux Fers
1
Rue
R. et Prouvaire
St.
Honoré
Rue
Rue de la Monnaie
Rue du Roule
Rue
Rue
de
Rivoli
Boulanger
Place
du
Chatelet
Quai
de
la
Mégisserie
o   50   100   200 Mètres
Pont Neuf
Pont au Change
Rue du Harlay

Ouvrir cette place entre la Halle au blé et le marché des Innocens, entre l'église Saint-Eustache et la Halle aux draps, de manière à lui donner la forme d'un grand rectangle qui se borne au
Nord, par le prolongement des rues Rambuteau et Coquillière, au
Sud, par une ligne formée des rues des Deux-Écus, du Contrat
Social et de la Petite Friperie, à l'Est, par la rue de la Lingerie
prolongée, et à l'Ouest, par la rue du Four Saint-Honoré (1);

Sur la place ainsi constituée, élever huit pavillons de grandeurs
inégales affectés aux divers services, et compléter l'ensemble des
Halles par la conservation, et l'appropriation aux besoins nouveaux, du marché des Innocens, qui, bien que se trouvant beaucoup plus bas que la grande place, serait mis en communication
avec elle, par une voie pratiquée à l'angle contigu à la Halle aux
draps et à la rue aux Fers.

Tel est le plan dans lequel se sont résumées les prescriptions
des décrets des 24 février et 19 mai 1811, et les études reprises par
l'administration municipale en 1844 et 1845.

Tel est aussi, dans ses termes généraux, le projet qui, après
avoir reçu, les 18 avril et 11 juillet 1845, l'adhésion du conseil
municipal, a été approuvé par une ordonnance royale du 17
janvier 1847.

Les expropriations et les démolitions étaient en pleine activité
au moment de la révolution de février.

Des dépenses vraiment gouvernementales, mais auxquelles
l'état des finances ne permettait pas de pourvoir, absorbèrent alors
et les 17 millions que la ville de Paris avait déposés au Trésor, et
les autres ressources qu'elle avait destinées à l'exécution du projet
que nous venons d'indiquer.

Mais ce n'est pas seulement le manque de fonds qui s'oppose à
la reprise de ce projet.

Des objections graves, puisées dans les élémens même qui le
constituent, doivent le faire rejeter définitivement et ramener
l'administration dans une voie meilleure.

____

(1) Voir le plan n° 1, à la fin du Mémoire, et les plans en relief au Palais-National.

On conçoit parfaitement qu'en 1811, l'insuffisance et la mauvaise distribution des Halles eussent conduit simplement à l'idée de démolir tout ce qui les rétrécissait, les séparait, les encombrait; et qu'en proposant de leur ouvrir de grands espaces avec des constructions convenables, on n'eût pas même examiné s'il y avait lieu de maintenir ou de modifier leur emplacement primitif.

La population de Paris n'excédait pas alors 600,000 âmes, le nombre des voitures était fort limité, et la circulation générale ne pouvait guères contrarier celle que le service des Halles devait nécessiter.

Mais aujourd'hui, Paris compte un million d'habitans, et son mouvement intérieur s'est accru dans une proportion encore plus considérable. L'établissement des omnibus, les voitures créées pour des transports et pour des industries qui autrefois n'en employaient aucune, la multiplication prodigieuse des équipages, des remises, des fiacres de toutes formes, enfin les masses de voyageurs et de marchandises, tous les jours apportées et remportées par les chemins de fer, toutes ces causes réunies ont quadruplé dans Paris le nombre des voitures, et produit une circulation plus que décuple de la circulation de 1811.

Dès lors, les nécessités du service de la voie publique doivent devenir, pour une administration intelligente et éclairée, la préoccupation de tous les instans.

Ce n'est pas assez d'élargir les rues et de faciliter matériellement les communications; il faut encore savoir combiner, en quelque sorte, le mouvement des établissemens publics avec le mouvement général de la ville, de manière à dégager, le plus possible, les quartiers où l'activité est plus grande et la viabilité plus difficile, en portant la circulation vers les grandes voies où elle peut s'accroître sans inconvénient.

Ces considérations, il faut bien le dire, ont été entièrement perdues de vue dans l'instruction de l'affaire des Halles, suivie en 1844 et 1845.

Toutes les études d'alors se sont concentrées sur les besoins intérieurs des Halles, et sur la partie architecturale du projet. Le rapport même de la commission qu'on avait envoyée, en 1843, visiter les marchés publics d'Angleterre, de Belgique, de Hollande et de Prusse, tout plein de détails intéressans sur le service et la police de ces établissemens, s'occupe fort peu de leur emplacement et de leurs accès. Il critique, il est vrai, à Londres, les conditions d'existence du marché aux bestiaux de Smithfield, « situé au » sein des quartiers les plus populeux, et sur un point où viennent » aboutir des rues étroites et très-fréquentées. » Mais on y chercherait en vain quelques observations sur les avantages que présente le contact d'un fleuve ou d'une grande route à ceux des marchés d'approvisionnement qui ont pu s'y appuyer.

Au reste, il ne faut rien moins que cette espèce de parti pris, en 1843, de donner pour point de départ à toutes les études l'emplacement du projet de 1811, pour expliquer comment le conseil municipal et la majorité du conseil d'État (1) ont pu ne pas s'arrêter devant les inconvéniens que nous allons résumer.

Nous nous bornons à mentionner les critiques de convenance et d'art, qui reprochaient au projet de porter tout le tumulte d'un marché au pied d'une des principales églises de Paris, et qui réclamaient le maintien, devant Saint-Eustache, d'une grande place, donnant au quartier un peu de l'air et de la lumière dont il manque, et permettant de bien voir un monument trop longtemps dérobé aux regards et à l'admiration des connaisseurs.

Nous ne développerons pas davantage les critiques de détail qui portaient sur l'insuffisance du terrain, même pour les besoins actuels, sur les difficultés de la communication établie entre la grande place et le marché des Innocens qui s'y rattache de coin et d'une manière disgracieuse, enfin sur l'irrégularité des pavillons et sur quelques-unes de leurs distributions.

Mais nous insistons d'une manière toute spéciale sur ce qui concerne l'emplacement.

Le projet adopté en 1843 maintient les Halles sur un point tout

§ II.

PLANS DE
1811 A 1845.

---

(1) Majorité *d'une seule voix*, dit-on, bien que le Préfet de la Seine, qui appuyait le projet, eût pris part à la délibération.

à fait central de la rive droite. L'accès, pour les habitans de la rive gauche, resterait d'une longueur et d'une difficulté extrêmes, quel que fût le point par où ils voudraient y arriver.

Les nouvelles Halles ne toucheraient par aucun côté à aucune grande voie de communication.

Les seules rues bien ouvertes qui y conduisent sont les rues Montmartre et Rambuteau, et le mouvement des Halles y rencontrerait une circulation générale très-considérable, aux abords précisément de la pointe Saint-Eustache, où les Halles viendraient se placer.

De tous les autres côtés, les Halles seraient enclavées dans des îlots de maisons percés de rues étroites et qui s'encombrent facilement.

Les voitures des vendeurs et des acheteurs, en allant, en revenant, seraient obligées de traverser toutes ces rues; il faudrait les traverser, même pour gagner les quais sur lesquels le stationnement doit toujours avoir lieu.

Enfin, le service des tombereaux de nettoiement continuerait de se faire dans le centre de Paris, et par les rues les plus fréquentées, au grand préjudice de la circulation, et plus encore de la salubrité publique, compromise par l'odeur infecte qui s'exhale, en été surtout, des détritus enlevés du marché.

On arriverait donc, par le projet de 1845, à abriter à peu près convenablement les marchands et à établir de l'ordre et de la régularité dans le service. Mais, bien loin de remédier aux inconvéniens apportés par l'état actuel des choses au mouvement général de la voie publique, on les aggraverait au contraire, en obstruant, dès à présent, par la construction des Halles, la pointe Saint-Eustache qu'il faut dégager, et en y concentrant des causes d'encombrement et d'insalubrité, destinées à s'augmenter avec le développement même que l'établissement nouveau doit prendre dans l'avenir.

Ces vérités, malgré le peu de soin pris pour les mettre en lumière, furent aperçues cependant en 1845, et elles suscitèrent au projet que nous venons d'examiner, des objections sérieuses et de redoutables adversaires.

M. Lanquetin, un des membres les plus éclairés et les plus consciencieux du conseil municipal, l'attaqua avec énergie, en posant en principe, et en exigeant comme conditions essentielles de l'établissement d'une Halle : « qu'elle ne s'élève ni dans un quartier où la circulation soit trop active, ni sur un point de commucation où elle imposerait ses désagrémens même aux gens que leurs affaires n'appellent pas au marché ; qu'elle soit commodément et facilement accédée de toutes les barrières et de tous les marchés de quartier ; que son périmètre soit d'une étendue suffisante pour que tous les services y soient établis sans confusion ; enfin, que le stationnement des voitures puisse se faire dans les lieux circonvoisins. »

Le simple énoncé de ces propositions, excellentes en elles-mêmes, mettait au néant le projet de l'administration. Malheureusement, le projet proposé par M. Lanquetin, et dont les plans avaient été dressés par M. Grisard, architecte, n'arrivait à satisfaire aux conditions de leur programme qu'en faisant naître des objections d'un autre ordre, et non moins graves que celles qu'ils avaient voulu éviter.

M. Lanquetin proposait, en effet, de créer une halle de ventes en gros, qu'on installerait au chantier du Cardinal Lemoine, entre le quai de la Tournelle et les rues Saint-Victor, des Fossés-Saint-Bernard, et des Bernardins.

C'était rompre brusquement des habitudes séculaires, et ruiner une foule d'établissemens et d'industries dignes d'intérêt.

C'était rendre impossible la vente *en demi gros* et la vente *au détail*, qui succèdent avec avantage, sur le lieu, et sans aggravation de frais de transport, à la vente *en gros* qui se fait d'abord à la Halle.

C'était perdre, enfin, les avantages très-réels et très-nombreux que la consommation, le commerce et l'administration même, au double point de vue des perceptions et de la surveillance, trouvent dans l'installation, au centre de la ville, du marché destiné à son approvisionnement.

§ II.
PLANS DE
1811 A 1845.

C'est ce que démontra fort bien M. Boutron, dans le rapport, d'ailleurs très-remarquable, lu par lui au conseil municipal, le 28 février 1845.

Seulement, il faut noter qu'en faisant ressortir, avec beaucoup de soin et de détails, tous les inconvéniens de la translation des Halles proposée par M. Lanquetin, le rapporteur n'essaie pas d'aborder de front les critiques décisives adressées à l'emplacement admis par l'administration, et qu'il se contente de répondre en quatre lignes « que ces critiques perdent toute leur valeur en présence du périmètre que le nouveau projet donne aux Halles, de l'élargissement des rues qui y aboutissent, et de l'interdiction formelle aux revendeuses de stationner sur la voie publique. »

Répondre ainsi, c'était avouer que les objections principales ne pouvaient pas être réfutées. La difficulté subsistait donc tout entière. Seulement, les deux écueils étaient nettement signalés, et, pour tous les bons esprits, la question restait ainsi posée :

« Trouver un moyen de conserver les Halles d'approvisionnement de Paris, au centre de la ville et dans le quartier qui y a été jusqu'alors consacré, en donnant, en même temps, satisfaction à toutes les exigences de leur service intérieur, de la circulation générale et de la salubrité publique. »

Ce problème, en présence des projets proposés de 1811 à 1845, pouvait paraître insoluble.

On va voir tout à l'heure que le projet Horeau l'a complétement et admirablement résolu.

§. 3.

§ III.
PROJET HOREAU.

Projet Horeau.

Pour bien apprécier ce projet, il faut connaître *l'emplacement* et les accès qu'il donne aux nouvelles Halles, *les constructions* qu'il comporte, leur distribution, et les détails du service, *les avantages généraux* qu'il présente en lui-même et comparativement aux projets antérieurs, enfin, *les dépenses* que son exécution doit entraîner.

§ III.
PROJET HOREAU

L'emplacement des Halles centrales, dans le projet Horeau, touche, par une de ses extrémités, à l'emplacement du projet de 1811. Seulement, au lieu d'étendre son rectangle le long de l'église Saint-Eustache, dans un plan parallèle à la Seine, et rattaché en angle au marché des Innocens, M. Horeau prend le marché des Innocens dans toute sa largeur, et il en fait le point de départ, et, s'il est permis de s'exprimer ainsi, la tête d'un grand rectangle qu'il mène perpendiculairement à la Seine, en le bornant d'un côté par la rue Saint-Denis rectifiée et appuyée sur la place du Châtelet, et de l'autre côté par le prolongement de la rue Montmartre, continuée en ligne droite jusqu'à l'angle de la Halle aux draps, et descendant ensuite au quai, parallèlement à la rue Saint-Denis (1).

Emplacement.

Pour exécuter ce travail, on acquiert et l'on démolit 262 vieilles maisons dont l'ensemble est connu sous le nom de quartier du Chevalier du Guet.

La place des Halles, ainsi constituée, comprend le marché des Innocens en entier, et tout le terrain qui se trouve entre ce marché et le quai de la Mégisserie, en tout 60,000 mètres superficiels.

Elle est accédée immédiatement par les rues Montmartre et Saint-Denis, qui l'encadrent, par la rue de Rivoli, dont le prolongement la traversera, et par le quai, sur lequel elle s'appuie dans toute sa largeur.

Accès.

De ce quai, et en regard du débouché de la rue Montmartre, on propose de jeter un pont à la rive gauche de la Seine, en traversant l'île Notre-Dame sur la ligne de la rue du Harlay, élargie en passant devant la nouvelle façade du Palais-de-Justice, de manière à ouvrir un accès direct aux quartiers de la rive gauche, et à relier les

---

(1) Voir le plan n° 2 à la fin du mémoire.

Voir, en outre, pour l'intelligence complète du projet Horeau et des projets de 1845, les grands plans en relief qui viennent d'être déposés au Palais-National, rue de Valois, 1.

§ III.
PROJET HOREAU.
Accès.

Halles au marché de la Vallée et à la Préfecture de polic .

En même temps, un étage en soubassement s'étend sous toute la place des Halles, avec un sol maintenu à 50 centimètres au-dessus des plus hautes eaux de la Seine. Ce soubassement, dans lequel on descend avec chevaux et voitures, prolonge ses galeries sous le quai de la Mégisserie, relevé et mis de niveau avec le pont au Change, et arrive ainsi jusqu'au bord de la Seine, où il s'ouvre par un large portique.

Par là seront reçues toutes les denrées venant par la voie d'eau.

Par là seront enlevés les détritus et les boues des Halles.

Des bateaux les transporteront hors de Paris et dans les lieux où on les exploite comme engrais.

Voilà, en termes généraux, l'emplacement et les moyens d'accès et de dégagement des Halles dans le projet Horeau.

*Constructions.
Service.*

Indiquons de même les constructions, leur distribution et les détails principaux du service.

Six pavillons, d'une architecture à la fois simple et élégante, doivent s'élever sur la place.

Quatre occuperont chacun 4,000 mètres de surface; deux, 3,100 seulement.

Le milieu de la place est planté, sur toute sa largeur, d'une masse d'arbres, au centre de laquelle on pourrait reporter la fontaine du marché des Innocens. La rue de Rivoli passe au pied de cette plantation.

Les pavillons sont également répartis des deux côtés, un petit entre deux grands.

Le premier pavillon, en venant de la Seine, recevra les Halles aux poissons de mer et d'eau douce, et pourra recevoir aussi la Halle aux huîtres. Il offre, en effet, 4,000 mètres de superficie à ces trois Halles, dont l'ensemble en occupe au plus 3,000 aujourd'hui.

Le second pavillon (3,100 mètres) est destiné aux pommes de terre, aux oignons et au pain.

§ III.
PROJET HOREAU.
Constructions.
Service.

Le troisième contiendra la boucherie, la charcuterie, les volailles, gibiers et viandes cuites.

Le quatrième, les gros légumes et la verdure.

Le cinquième (3,100 mètres) est destiné au beurre, aux œufs et au fromage.

Le sixième, construit sur l'emplacement même du marché des Innocens, reste consacré aux fleurs coupées, et aux fruits, en gros, demi-gros et détail.

Les légumes et les verdures pourront, outre le quatrième pavillon, qui leur est spécialement attribué, occuper la place au centre des Halles, et les trottoirs couverts dont tous les pavillons sont entourés.

Enfin, le dimanche matin, on pourra tenir, sous les arbres de la place centrale, des marchés aux oiseaux et aux fleurs.

La distribution intérieure des pavillons est faite de manière à répondre à tous les besoins du service.

C'est un vaste espace, entouré de larges galeries, ayant quatre entrées dans les angles à pans coupés, et trois escaliers doubles pour descendre aux soubassemens.

L'apport des marchandises s'y fera sans difficulté. Tout est disposé pour que les ventes aux criées, comme les ventes de gré à gré, y soient commodément installées, et pour que la place ne manque jamais ni aux denrées, ni aux acheteurs.

Indépendamment des galeries et des salles destinées aux ventes, les deux petits pavillons ont des étages supérieurs consacrés aux bureaux d'administration des Halles et à divers services municipaux dont le 4ᵉ arrondissement est privé en ce moment, faute de locaux convenables.

Il y a là des crèches, des salles d'asile, des salles de vaccin, de petites bibliothèques, et enfin des salles plus grandes pouvant servir aux élections.

Un beffroi, avec horloge et cloche de service, surmonte chacun de ces deux pavillons.

Aux extrémités et au centre de la place, des rampes en pente

§ III.
PROJET HÓREAU.
Constructions.
Service.

douce, au-dessus desquelles sont jetés des ponts de fer qui relient les pavillons entre eux, conduisent les chevaux et les voitures dans la partie souterraine des Halles.

Ce soubassement est éclairé par des lentilles en verre, par des plaques réfléchissantes, comme il en existe dans les Docks à Londres, par de larges soupiraux, par les nombreux escaliers qui le mettent de toutes parts en communication avec la partie supérieure, et enfin, par le portique ouvert sur la Seine, qui y entretiendra en outre de vastes courans d'air.

La surface totale du soubassement et de ses galeries est de 27,000 mètres.

On y accède par les rampes à voitures dont il vient d'être parlé, et par trente-deux escaliers tant intérieurs qu'extérieurs.

Au centre du soubassement, s'établit le gardage des voitures et des paniers des acheteurs. Des remises y sont disposées pour les charrettes d'approvisionnement, et des écuries pour les chevaux et les bêtes de somme.

Là aussi, sont installées des resserres pour les marchandises non vendues ou vendues à livrer, des glacières pour conserver les denrées, des bassins à poisson, une fourrière, et des conduites de gaz et d'eau fraîche. Là peuvent se placer des appareils de chauffage, pour l'usage des bureaux d'administration, des corps-de-garde et des marchands.

Enfin, tout le soubassement est entouré d'une voie ferrée, destinée à transporter immédiatement de la Seine à chacun des pavillons les marchandises qui arrivent par eau.

Cette même voie de fer sera employée à un service plus important encore.

Des wagons spéciaux iront, à une heure fixe ou à un signal donné, se placer sous des ouvertures pratiquées à divers points des Halles. Un simple balayage fera tomber dans ces wagons, tous les débris et les ordures, qu'ils transporteront immédiatement à bord des bateaux.

Nous avons indiqué tout ce qui est essentiel dans le projet Horeau. Nous laissons volontairement de côté beaucoup de détails qui y ont été prévus avec un soin extrême, par exemple, quant aux bancs numérotés et aux places indiquées sur les trottoirs ; aux fontaines jaillissantes et de service, multipliées partout à l'intérieur et à l'extérieur ; aux lignes d'égouts construites pour recevoir toutes les eaux ; aux cabinets publics établis de la manière la plus convenable sous les trottoirs des rampes du soubassement ; aux mesures prises pour régler le chargement, le déchargement et le stationnement des charrettes, soit que l'administration veuille y employer une partie du soubassement, soit qu'elle les fasse ranger, comme aujourd'hui, sur les quais, les ponts et la place du Châtelet, qui seront alors contigus aux Halles.

En renvoyant, pour tous ces détails et pour une foule d'autres du même genre, aux plans et aux devis de M. Horeau, nous pouvons dire avec vérité, et quiconque les examinera le dira comme nous, que tout ce que l'observation, l'expérience et l'étude peuvent indiquer ou suggérer pour l'avantage des vendeurs et des acheteurs, comme pour l'intérêt du bon ordre, de la régularité du service et de la salubrité, a été réalisé ici de la manière la plus consciencieuse et la plus complète.

La description qui précède fait déjà apercevoir une grande partie des avantages du projet Horeau.

Quelques observations vont achever de les mettre en lumière, et montrer l'immense supériorité de ce projet sur ceux qui l'ont précédé.

D'abord, il maintient les Halles au milieu de Paris, dans le quartier qui leur est affecté depuis des siècles, et il conserve à la ville, au commerce et à l'administration, tous les avantages d'un approvisionnement central : en même temps, il donne aux Halles, pour accès, les plus grandes voies de communication ; il les appuie sur la grande route des quais, sur la grande route du fleuve.

Tout ce qui vient des barrières Est et Nord de la rive droite, et des embarcadères de chemins de fer du même côté, suit les rues Rambuteau, Saint-Denis et Montmartre. A mesure qu'on

§ III.
PROJET HOREAU.
Avantages.
Arrivages.

avance, les voies s'élargissent de plus en plus, et tout encombrement est impossible. Car le mouvement spécial aux Halles ne peut commencer qu'à une grande distance et beaucoup au-dessous de la pointe Saint-Eustache, où s'agite et se croise la circulation active de la ville.

Tout ce qui vient des barrières de Passy, de l'Étoile, même du Roule, et des embarcadères de chemins de fer de la rue Saint-Lazare, doit gagner la place de la Concorde, et prendre la ligne large et toujours peu fréquentée des quais.

C'est encore par la ligne des quais, qu'arrive nécessairement aux Halles tout ce qui est venu par les barrières de la rive gauche, quelle que soit la direction qu'on ait suivie dans les faubourgs, et quel que soit le pont qu'on ait traversé.

Les arrivages se font donc de toutes les barrières aux Halles du projet Horeau, largement, commodément, et en quelque sorte en dehors du mouvement de la circulation générale.

Marchés
de quartier.

La communication n'est pas moins bonne entre ces Halles et les marchés de quartier.

Tous les hommes qui se sont occupés de l'approvisionnement de Paris reconnaissent que l'intérêt commercial, comme l'intérêt administratif, veut qu'il n'existe qu'une seule Halle centrale, grand marché où tout arrive, où toutes les perceptions s'opèrent, où tous les prix se nivellent, et d'où les denrées, achetées en masse, sont emportées pour se répartir entre les divers marchés de quartier, où elles doivent être revendues en détail.

Ici la Halle est au centre, et le rayonnement se fait avec la plus grande facilité.

Pour la rive droite, les transports aux marchés s'opèrent par les grandes rues qui partent des Halles dans toutes les directions, et avec une division immédiate assez grande pour qu'il n'y ait jamais d'encombrement à redouter.

Pour la rive gauche, même avant que le pont spécial que nous proposons soit construit, le service se fait par le pont Neuf et le pont au Change, auxquels on arrive directement par les quais, et sans avoir eu une seule rue à traverser.

Cet avantage du contact des Halles avec les quais, si grand pour les arrivages et les communications, reparaît encore, et toujours au point de vue de la circulation, dans la disposition des charrettes dont le déchargement est opéré. Elles n'ont plus, en effet, de quartier intermédiaire à parcourir et à obstruer, pour gagner leur stationnement. Elles le trouvent dans les Halles même, ou sur les emplacemens contigus.

Enfin, indépendamment de cette diminution considérable des causes d'encombrement de la voie publique que le projet de 1843 laissait subsister, le projet Horeau aura un jour l'avantage de diminuer, d'une manière très-notable, le nombre des voitures que le service des Halles nécessite aujourd'hui.

La Seine, dans toute la traversée de Paris, n'a guère été considérée jusqu'ici que comme un obstacle aux communications, et l'on ne s'en est occupé, dans l'intérêt de la voirie, que pour la couvrir du plus grand nombre possible de ponts.

En Angleterre, en Hollande, aux États-Unis, on aurait vu, dans un cours d'eau de cette espèce, une excellente voie à exploiter pour les arrivages du dehors, et même pour beaucoup de transports et de relations de l'intérieur; et personne ne se serait arrêté devant des difficultés accidentelles de navigation que quelques travaux d'art peuvent faire promptement disparaître.

Ce que le génie et les instincts d'autres peuples auraient probablement dès longtemps réalisé, la nécessité nous conduit enfin à l'entreprendre.

Depuis 4 ou 5 ans, plusieurs projets tendant à rendre la Seine en tout temps navigable au dessus, au dessous, et dans l'intérieur de Paris, et à y rendre possibles des services destinés à alléger les charges de la voirie, ont été discutés dans le conseil des ponts et chaussées, et adressés par le gouvernement au conseil municipal.

En ce moment même, l'administration municipale est saisie de l'examen d'un projet de barrage partiel, et tout promet une solu-

§ III.
PROJET HOREAU.
Avantages.
(*Stationnement.*)

Transports
par la Seine.

tion prochaine à ces questions auxquelles se rattachent de si grands intérêts.

La situation des Halles du projet Horeau les appelle à profiter de toutes les ressources que le fleuve offre déjà, et de toutes celles que les travaux projetés devront y ajouter encore.

Il n'est pas douteux pour nous que, dès que les Halles seront ouvertes, on verra se former des entreprises de transport qui amèneront, par la haute et par la basse Seine, une partie considérable de l'approvisionnement. Ceux qui n'admettraient pas nos prévisions n'ont qu'à regarder ce qui se passe au marché du Mail, ouvert sur le quai de la Grève devant l'Hôtel-de-Ville, pour la vente des raisins et des fruits. Ce marché, bien que ne se tenant que pendant quelques mois de l'année, est entièrement approvisionné par des bateaux appelés *margotats*, qu'on a construits tout exprès pour ce service.

D'un autre côté, l'enlèvement des débris et des boues des Halles par la Seine amènera la suppression des centaines de tombereaux employés aujourd'hui à leur transport.

Cette suppression, sous le double rapport de la circulation dans la ville et de la santé publique, est, à nos yeux, un des plus grands avantages du projet.

C'est la justification la plus heureuse de la pensée d'établir les Halles au bord du fleuve.

C'est la raison qui, plus qu'aucune autre, doit décider l'administration à accepter le projet Horeau, et à tout mettre en œuvre pour en assurer la prochaine exécution.

Pour nous, nous le déclarons bien franchement : Lors même que l'étude de ce projet, au lieu de nous donner satisfaction complète sur tous les points, nous aurait fait apparaître des parties défectueuses et de sérieuses difficultés, nous aurions encore insisté de toutes nos forces pour qu'en apportant au plan les modifications nécessaires, on avisât à en retenir au moins l'emplacement en contact avec les quais et la Seine, et le transport des immondices par les bateaux. Car il n'est guères d'inconvéniens qu'on ne dût accepter, pour conquérir les facilités d'accès et de dégagement qui résultent ici de la situation des Halles, et pour débarrasser la voie publique des gênes et de l'insalubrité que le service de leurs tombereaux de nettoiement porte aujourd'hui dans tout Paris (1).

§ III.
PROJET HOREAU.
Avantages.
Extension
jusqu'à la Seine.

Heureusement, aucun inconvénient ne peut compenser ou diminuer l'avantage ainsi obtenu par l'extension des Halles jusqu'à la Seine.

Un seul a été signalé, et il suffit de quelques mots pour montrer son peu de consistance.

On s'est demandé s'il n'y aura pas quelque chose de disgracieux dans l'aspect d'un marché venant se placer sur la ligne même des quais, et aussi, si les denrées n'auront pas à souffrir de l'action du soleil.

Mais d'abord, quant à l'aspect, nous pensons que la plantation d'arbres, au travers de laquelle on apercevra le dessin élégant et original du pavillon des Halles nouvelles, ne pourra que rompre avec avantage la ligne monotone et fort peu gracieuse des maisons qui bordent le quai de la Mégisserie.

Quant à l'exposition au midi, vous la retrouverez partout, dès que vous ouvrirez une place assez grande pour que l'ombre des maisons ne puisse pas la couvrir en entier. Certainement, l'ardeur du soleil aurait été tout aussi forte devant Saint-Eustache que sur le quai. De plus, la chaleur est bien autrement suffocante et incommode sur les places du centre de la ville, où l'air ne se renouvelle qu'avec une grande difficulté, que sur une place qui s'étend jusqu'au fleuve, et qui trouve, dans l'ouverture qu'elle a de ce côté, un courant d'air qui la rafraîchit constamment, et lui apporte les meilleures conditions hygiéniques.

On peut juger maintenant si c'est avec raison que nous présentions tout à l'heure le projet Horeau comme ayant résolu admirablement le problème de la conservation des Halles au centre de la

---

(1) Ces avantages ont été si bien sentis qu'ils ont amené les partisans du plan de 1845, à l'idée d'un tunnel pour gagner la Seine. Voir ci-après la note de la page 31.

§ III.
PROJET HOREAU.
Avantages.
Surface.

ville, avec pleine satisfaction donnée à toutes les exigences de la circulation générale et de la salubrité publique.

Il nous reste à apprécier les avantages de l'étendue superficielle des terrains que le projet consacre au service des Halles, et la manière dont il se relie aux plans d'embellissement de Paris.

Les terrains aujourd'hui occupés par le service des Halles peuvent s'évaluer approximativement ainsi :

Surface des Halles à la marée, au poisson d'eau douce, au beurre et aux œufs, aux pommes de terre, aux fruits, aux fromages, à la viande et à la verdure. Ensemble. . . . . . . 23,480 mètres

Le gardage des voitures et paniers des acheteurs occupe. 11,060

Le gardage particulier chez les voisins des Halles, environ 1,000

Le parc aux charrettes près de Saint-Eustache. 1,000

Les auberges et remises à chevaux et ânes. . 2,500

Le marché à la verdure et au pain. 2,260

Les propriétés particulières qui desservent plus ou moins directement les Halles. 6,000

Total de la surface des Halles et de leurs annexes, en mètres superficiels 47,500

A quoi il faut joindre le terrain occupé par le stationnement des charrettes sur la place du Châtelet, quais et ponts environnans. 7,500

En tout. . . . . 55,000 mètres

L'étendue des terrains affectés à l'établissement des Halles par le plan adopté en 1845, était seulement de 52,700 mètres superficiels, en y comprenant le marché des Innocens. Le soubassement du même projet donnait 20,000 mètres, en tout 72,700 mètres.

L'étendue de la place ouverte par le projet Horeau est de 60,000 mètres superficiels, pris dans un quartier qui laisse encore pour l'avenir de grandes facilités d'extension. Le soubassement y ajoute une superficie de 27,000 mètres, en tout 87,000 mètres.

C'est un *cinquième* en sus de l'étendue du plan de 1843.

Enfin, si l'administration maintient le stationnement sur les quais, les ponts, et la place du Châtelet, où il prend aujourd'hui 7,500 mètres, elle aura à sa disposition, par le projet Horeau, dans les halles même et sur les emplacemens qui y touchent immédiatement, près de 95,000 mètres superficiels, étendue largement suffisante pour tous les besoins du service, et plus considérable que tout ce qui avait été jusqu'alors proposé.

§ III.
PROJET HOREAU.
Avantages.
Surface.

Quant au quartier où ces terrains doivent se prendre, quant aux maisons qui doivent être démolies pour faire place à l'établissement nouveau, bien loin qu'aucun regret leur puisse être donné, leur destruction sera, pour la capitale, un véritable bienfait.

Destruction
du quartier du
Chevalier-du-Guet.

On n'imagine pas qu'au centre de Paris, entre le débouché du pont Neuf et la rue Saint-Denis, et sous la rue Saint-Honoré, il existe un réseau de ruelles sombres, tortueuses, où jamais le soleil n'a pénétré, et dont quelques-unes sont si étroites que la police, par mesure de sûreté, y a fait interdire le passage par des portes ou des grilles scellées aux deux extrémités.

Ces deux masses de maisons, dont l'une a, pour point central, la place Sainte-Opportune, et l'autre, l'étroit carrefour qu'on nomme la place du Chevalier du Guet, semblent un défi de chaque jour aux efforts de l'administration municipale et à la civilisation.

Là, au milieu des bonnes et honnêtes industries qui vivent du voisinage des Halles, auprès de l'ouvrier qui se résigne à toutes les demeures dans l'intérêt de la proximité de son travail, on rencontre à la fois toutes les fanges et tous les vices sous leurs formes les plus dégoûtantes ; et, dans les jours de trouble et de calamités publiques, la sédition est sûre de trouver là de redoutables retranchemens.

Il faudrait des siècles pour arriver, avec les ressources ordinaires de la voirie, à assainir, à purger, ou à détruire ce déplorable quartier.

L'exécution du projet Horeau le fait disparaître immédiatement.

§ III.
PROJET HOREAU.
Avantages.
Rues nouvelles.

En même temps, le projet élargit la rue Saint-Denis, la redresse et l'appuie régulièrement sur la place du Châtelet. Il continue la rue Montmartre, la fait déboucher, comme la rue Saint-Denis, sur le quai et en face d'un pont : il exécute, en passage sur la place centrale, une section notable et importante de la rue de Rivoli.

Enfin, loin de perdre, ou de laisser sans fruit, les travaux de démolition opérés, dans la pensée de l'exécution du plan que l'administration avait adopté en 1845, le projet Horeau s'en empare et leur donne la destination la plus convenable et la plus avantageuse.

Du point où la rue des Prouvaires arrive aux angles de la rue des Deux-Écus et de la rue du Contrat-Social, il fait partir deux grandes rues qui tendent l'une à la façade, l'autre à l'abside de Saint-Eustache, de manière à former un vaste triangle qui aurait pour base l'église dans toute sa longueur.

Ces deux voies, tracées sur le terrain aujourd'hui déblayé par les démolitions, enfermeraient une place triangulaire, couverte de gazon et plantée d'arbres, qui ferait face à l'église, sorte de *Square* qui donnerait à ce quartier, où les maisons sont si hautes et si pressées, et les cours si rares et si étroites, un peu d'aération et de fraîcheur.

De chaque côté des deux voies, et se prolongeant sur des lignes faisant face au square, s'élèveraient de grands îlots de maisons convenablement coupés par des voies secondaires.

La rue de droite ouvrirait la communication directe du pont Neuf à la pointe Saint-Eustache, avec les rues Montmartre et Rambuteau.

La rue de gauche, après avoir passé devant la façade de l'église, se continuerait, par la démolition de trois ou quatre maisons seulement, jusqu'à la rue Jean-Jacques Rousseau, où elle déboucherait précisément en face de l'hôtel des Postes, auquel elle donnerait, de toutes parts, les communications les plus faciles et les plus larges.

Mais les travaux de voirie, compris dans le projet Horeau, ne doivent pas s'envisager seulement sous le rapport des avantages qu'ils procurent à la circulation.

Ces travaux présentent une importance plus grande encore quant à la sécurité de Paris et au maintien de la paix publique.

Sans doute, il est permis d'espérer que nous ne reverrons jamais les luttes douloureuses qui ont ensanglanté la capitale. Toutes nos institutions tendent à donner des solutions pacifiques aux questions les plus irritantes, et l'exercice répété du suffrage universel accoutume les citoyens à chercher, ailleurs que dans la violence, le triomphe de leurs opinions.

Mais le souvenir de nos discordes civiles est trop récent pour ne pas laisser quelques alarmes, et il n'est pas un Français qui ne voie avec bonheur tout ce qui tend à rendre les combats des rues matériellement impossibles, ou à les empêcher du moins de se prolonger.

Or, tandis que le conseil municipal s'impose d'énormes sacrifices pour opérer l'isolement de l'Hôtel-de-Ville et élargir les rues qui l'avoisinent (1), le projet Horeau vient seconder ses efforts de la manière la plus heureuse.

En même temps qu'il supprime en masse tout le quartier du Chevalier du Guet, il établit de larges voies sur des points où se sont souvent livrés les combats les plus acharnés.

Un coup d'œil jeté sur le plan montre qu'il met les boulevards en communication avec les quais par deux grandes routes, et que les voies qu'il trace en même temps de la pointe Saint-Eustache au pont Neuf, et qui se relient avec la rue Rambuteau, la rue Montmartre et la rue Saint-Denis, offrent la possibilité de faire partout mouvoir de telles masses, que la guerre individuelle ne peut plus s'y engager ou s'y soutenir.

La dernière conséquence des ouvertures de rues dont nous

---

(1) Ces dépenses entrent pour les quatre cinquièmes, dont les 5,929,033 fr. de grands travaux portés au budget de la ville de Paris pour 1850.

§ III.
PROJET HOREAU.
Avantages.
Revente des terrains
de la ville.

venons de parler, sera de donner aux terrains acquis par la ville, sur lesquels elles se prennent en partie, et aussi aux emplacemens des Halles actuelles, une valeur considérable, et qui permettra d'en opérer la vente avec un avantage évident.

Pour s'en convaincre, il suffit de regarder s'il y a, à l'heure présente, dans tout Paris, un seul quartier où l'on pût s'engager dans des acquisitions de terrains et dans des constructions, avec des chances égales à celles qui attendent les spéculations appelées sur les points que nous venons d'indiquer.

Tout ce qui a été déplacé d'habitations et d'industries par les démolitions opérées devant Saint-Eustache, tout ce qui va en être déplacé encore par la démolition du quartier du Chevalier du Guet, ne peut pas ne pas refluer dans les maisons qui vont s'élever le long des voies nouvelles.

Qu'on ajoute à cela que ce quartier est incontestablement la partie de Paris où se trouve déjà le plus de vie, de commerce, d'activité ; et l'on comprendra qu'il y a toutes les certitudes possibles de l'empressement des capitalistes et des constructeurs à s'y porter.

On peut donc affirmer sans crainte, et que la ville revendra, à d'excellentes conditions, tout ce qu'elle n'affectera pas à la voie publique, et que l'industrie du bâtiment, dont les diverses ramifications occupent à Paris des milliers d'ouvriers, trouvera là de nombreuses entreprises et une large et profitable reprise de travail.

Phase d'exécut'on.]

Ne négligeons pas, en terminant cette partie de notre examen, de faire remarquer quel avantage l'emplacement, choisi par M. Horeau, présente pour le moment de l'exécution des travaux.

C'est une grande et très-difficile affaire que de construire des Halles nouvelles sur l'emplacement même des Halles existantes ; et, quelque déplorable que soit l'état actuel des choses, personne ne peut penser, sans effroi, à la nécessité de quitter les Halles, pendant les années nécessaires aux démolitions et aux reconstructions.

Les services provisoires s'établissent aisément quand le local est vaste, et que le travail peut s'effectuer par fractions. Mais lorsque l'insuffisance est évidente, et qu'il s'agit d'ouvrir une grande place, élevée sur un soubassement, dans une grande partie de son étendue, les difficultés sont considérables, et le mouvement de circulation du quartier où les travaux seraient à faire les accroîtrait encore sensiblement.

Le projet Horeau affranchit la ville de tous ces embarras.

Tout son terrain, à l'exception du marché des Innocens, se prend en dehors des Halles existantes ; ses démolitions, ses reconstructions s'opèrent dans un quartier qu'aucune grande voie ne traverse ; tous les travaux se font donc sans trouble, et les Halles actuelles peuvent continuer à fonctionner jusqu'au jour de la mise en activité de l'établissement nouveau.

Nous arrivons à la dernière partie du projet Horeau, la dépense.

Elle se compose de trois articles :

Expropriations d'immeubles.	28,760,563 fr.
Expropriations de locations.	7,190,140
Constructions.	11,000,000
Total.	46,950,703 fr.

La critique qui, depuis 1843, n'a jamais pu produire contre le projet lui-même aucune objection sérieuse, a essayé de prendre ici sa revanche.

On a dit à M. Horeau : Vous faites des merveilles ; votre conception est également admirable dans son ensemble, dans ses détails et dans son rapport avec les meilleurs plans d'assainissement et d'embellissement de la ville. Mais pour réaliser tout cela, vous dépensez des sommes énormes ; et si votre projet vaut beaucoup mieux que celui que l'administration avait adopté, c'est sous la condition de coûter infiniment plus cher.

L'objection reposerait sur un fond vrai qu'elle n'aurait rien de

§ III.
PROJET HOREAU.
Dépense.

décisif. Quand il s'agit, en effet, d'une entreprise aussi considérable que l'établissement des Halles centrales de la ville de Paris,
l'économie consiste à faire tout ce qui est nécessaire et convenable. On comprendrait bien qu'après avoir arrêté et adopté un
plan excellent, la pénurie des finances obligeât à n'en exécuter
qu'une ou plusieurs parties. Mais le plus déplorable de tous les
calculs, serait celui qui, pour obtenir une réduction, même de plusieurs millions, accepterait un mauvais emplacement et léguerait
à l'avenir d'irrémédiables embarras.

Au reste, la vérité manque au point de départ comme aux con-
clusions de l'objection.

Le projet Horeau, loin d'apporter une augmentation de dépenses, apporte, au contraire, une diminution réelle.

Dépenses comparées. Si les chiffres qu'il pose sont plus élevés que ceux qu'on a posés
jusqu'ici, c'est que tout ce que l'exécution des Halles nécessitera y
est prévu et calculé, et que partout les estimations y sont portées
au maximum, tandis que, dans les projets qu'on présente comme
devant coûter beaucoup moins, une partie des dépenses les plus
nécessaires est complétement omise, et le reste est évalué d'une
manière approximative et sans aucune fixité.

Voici la preuve de nos assertions.

Projet de 1845. Le rapport de M. Boutron, à la séance du conseil municipal du
28 février 1845, résumait ainsi les dépenses du projet qui fut alors
adopté.

Propriétés à acquérir.	13,968,126 fr.
Constructions.	5,010,000
Couverture du marché des Innocens.	1,650,000
Total.	20,628,126 fr.

Les évaluations qui servaient de base à ce travail n'ont pas tardé
à être modifiées.

Avant la révolution de Février, la ville a acquis pour 7 millions
de propriétés, et nous trouvons, dans une note municipale, où
sont résumées les opérations spéciales projetées par la ville de

Paris, que les acquisitions *restant à faire* pour l'établissement des Halles sont évaluées à 12 millions.

C'est donc 19 millions qu'il faut compter, au lieu des 13,968,121 francs du rapport, et cet accroissement de plus de 5 millions sur la première évaluation est encore bien loin de la vérité.

Il en est de même des constructions.

Au rapport de M. Boutron, elles sont portées, y compris les travaux de couverture du marché des Innocens, à 6,660,000 fr. Dans la note que nous venons de citer, elles figurent pour 12 millions, et nous croyons être bien renseignés en indiquant que, dans le dernier état, et au moyen d'un *tunnel impossible* (1) entre la pointe Saint-Eustache et la Seine, les devis évaluent les dépenses à faire à 15 ou 16 millions.

Ainsi, voilà un accroissement, d'abord de 6 et puis de 10 millions, au chiffre des constructions.

Somme toute, l'évaluation qui figurait au rapport de M. Boutron pour 20,628,000 fr. s'élève déjà à 25, à 31, et enfin à 35 millions.

Et notez que, dans cette somme de 35 millions, ne sont pas comptées les dépenses, cependant inévitables, d'ouverture ou d'élargissement de rues conduisant ou devant conduire aux Halles.

Nous savons très-bien que ni le prolongement de la rue Montmartre, ni les grandes voies que nous proposons d'établir pour communiquer directement du pont Neuf à l'hôtel des Postes et à la

---

(1) Pour atténuer l'immense supériorité de l'emplacement des Halles dans le projet Horeau, les partisans de l'ancien projet ont imaginé de mettre leurs Halles en communication avec la Seine par un tunnel. Mais ce tunnel, qui n'aurait pas moins d'un demi-kilomètre, est *impossible*, 1° à cause du réseau des égoûts qu'il briserait, ou qui le condamneraient à des coudes et à des ressauts impraticables ; 2° parce que, pour passer au dessous des fondations des édifices intermédiaires, il faudrait baisser le sol du tunnel au dessous du niveau des hautes eaux de la Seine ; 3° parce qu'une expérience, qui a coûté bien cher à la compagnie du chemin de fer du Havre, dans la traversée de la ville de Rouen, a démontré que tout travail de tunnel entrepris dans des terres de remblai, produit la chute et la démolition complète des édifices sous lesquels il est pratiqué, et que le même travail entrepris dans des terrains primitifs, même à 10 et 20 mètres au dessous des édifices, produit des déchiremens et de lézardes partout et jusque dans les simples murs de clôture.

§ III.
PROJET HOREAU.
Dépenses comparées.
Ouvertures de rues.

pointe Saint-Eustache, ne peuvent entrer en dépense avec le plan de 1845, puisque ces communications, si désirables qu'elles soient, deviendraient impossibles dans le présent et dans l'avenir, les Halles venant se placer, comme un malencontreux barrage, précisément au point où il y aurait lieu de les ouvrir.

Mais il faudrait bien, au moins, donner aux Halles elles-mêmes quelques moyens de dégagement.

Il faudrait bien dépenser les 4 millions nécessaires pour élargir la rue Saint-Denis, les 4 millions nécessaires pour ouvrir une rue descendant de la Halle aux draps au quai, et permettant aux charrettes de se rendre au stationnement, et encore les 4 ou 5 millions nécessaires pour percer au pourtour, et dans les îlots des maisons environnantes, les issues sans lesquelles la place des Halles serait littéralement enclavée.

Il y a donc là 12 à 13 millions (1) à ajouter inévitablement aux élémens dont la dépense se compose aujourd'hui.

Tout ce que l'exécution du projet de 1845 entraînerait nécessairement en dehors de ses halles, le projet Horeau le réalise dans l'exécution même des siennes.

Ainsi, dans le projet Horeau, la rue Montmartre, grande route et voie intérieure de la plus haute importance, se prolonge d'abord sur l'espace devenu libre de la Pointe Saint-Eustache à la Halle aux draps, et, arrivée là, elle se continue par les travaux d'ouverture de la place, jusqu'au quai de la Mégisserie, dans des proportions qui représentent une dépense de 4 millions.

Dans le même projet, l'élargissement de la rue Saint-Denis est opéré depuis la rue aux Fers, ce qui représente encore une dépense de 4 millions.

La section de la rue de Rivoli, exécutée sur toute la largeur de la place, donne, pour terrain et maisons, 2,150,000 fr.

---

(1) Les augmentations successives des dépenses du projet de 1845, et l'appréciation des nécessités qu'il créerait à sa suite, confirment pleinement les prévisions de M. Lanquetin qui, dans la séance du 28 février 1845, établissait que le plan proposé, dont le rapport évaluait le chiffre total à 20 millions, entraînerait une dépense principale de 35 millions, et au moins 15 millions de dépenses accessoires.

Les alignemens et élargissemens portés aux plans de la ville, dans le quartier du Chevalier-du-Guet que le projet Horeau fait disparaître, représentent 2 millions.

Enfin les salles d'élections, crèches, salles d'asile, de vaccin, bibliothèques et autres parties d'édifices affectées aux services municipaux du 4e arrondissement, représentent une dépense de 1,500,000 fr.

C'est un total de 13,650,000 fr. de travaux exécutés à la décharge de la ville.

Il demeure donc bien démontré qu'il y a, dans tous les cas possibles, une somme de 12 à 13 millions à ajouter au projet de 1845, ou à retrancher du projet Horeau, pour arriver à une comparaison rationnelle de leurs dépenses respectives, et qu'ainsi, en tenant pour exactes les évaluations faites des deux côtés, le projet Horeau présente une économie réelle de plus d'un million de francs.

Cette vérité devient plus sensible encore par la mise en regard des élémens généraux des dépenses dans les deux projets.

Ils se résument en constructions et en acquisitions.

Pour les constructions, le projet de 1845 évalue sa dépense à 12, 15, 16 millions : le projet Horeau fixe la sienne à 11 millions seulement.

Pour les acquisitions, le projet de 1845 semble reprendre l'avantage. Il ne demande que 19 millions, quand le projet Horeau en demande 35.

Si l'on réfléchit que le terrain est moins cher, et les édifices surtout moins importans, dans le quartier où le projet Horeau place ses Halles, il est très-évident que l'augmentation apparente de la dépense ne peut tenir qu'aux deux causes suivantes :

1° Le projet Horeau comprend, dès à présent, comme cela vient d'être démontré, tout ce qui est nécessaire à la création des Halles, quand le projet de 1845 n'en comprend qu'une partie, et laisse à des crédits supplémentaires inévitables le soin de porter les dépenses à leur véritable valeur.

2° Les quantités de terrain affectées par l'un et par l'autre projet au service des Halles présentent une différence de près d'un cinquième. L'un des projets, en effet, celui de 1843, arrive à donner en tout à l'établissement 52,700 mètres à la superficie, et 20,000 dans le soubassement, tandis que l'autre, le projet Horeau, leur donne 60,000 mètres à la superficie et 27,000 dans le soubassement, *soit, 14,300 mètres de terrain de plus,* différence énorme et qui domine ici tous les calculs et toutes les discussions.

Voilà où nous conduit la comparaison des dépenses annoncées, et des résultats qu'elles doivent donner.

Il ne faut pas oublier, en outre, sur quelles bases reposent les calculs établis de part et d'autre.

Dans le projet de 1843, quelles sont les conditions de fixité de ce chiffre d'acquisitions qui, de 13,968,000 fr. a passé tout à coup à 19,000,000 fr.? Quelles sont les garanties de ces devis de travaux portés à 6,660,000 fr., puis à 12, puis à 15 ou 16,000,000? Faut-il rappeler ce que sont trop souvent, quant à la dépense, les meilleurs devis d'architectes, et à quels mécomptes ils exposent les particuliers et les administrations!

Le projet Horeau, au contraire, pose des chiffres dont les premiers ne peuvent que se réduire, et dont le dernier ne peut pas varier.

Les expropriations y sont portées à 35,950,000 fr.

Pour arriver à ce chiffre, on a pris 25 fois la valeur du revenu cadastral de toutes les propriétés à acquérir, ce qui a donné 28,760,563 fr. et l'on a évalué au quart de cette somme, les valeurs locatives, ou indemnités à donner aux locataires, soit 7,190,140 francs.

Or, en comparant les résultats obtenus par ce mode de calcul, avec les prix payés par la ville, pour les acquisitions auxquelles a donné lieu l'élargissement de la rue Montmartre et de la rue Traînée, on reconnaît que l'évaluation, calculée à raison de 25 fois le revenu cadastral, excède de plus d'un huitième les valeurs moyennes qui doivent servir de base aux traités.

Loin donc qu'il y ait là une augmentation possible, il y a une réduction à obtenir de 4,481,250 fr.

Quant aux constructions, le projet Horeau les porte à 11 millions, et ce chiffre est invariable.

L'exécution, en effet, est proposée à la ville pour cette somme fixée *à forfait*, et en expliquant

« Qu'elle comprend les six pavillons, le soubassement, et tous les travaux qui en sont la conséquence, tels que : rues transversales, de niveau, ou à descentes avec ponts, exhaussement d'une partie du quai de la Mégisserie, grande place centrale, rue Neuve Montmartre parallèle à la rue Saint-Denis, travaux dans la rue Saint-Denis elle-même, égoûts, passages souterrains, trottoirs, marches, chemin de fer et wagons, appareils d'éclairage au gaz, établissement de fontaines, bornes-fontaines, arbres et bancs ; »

En un mot, tous les travaux à effectuer, sauf le pont sur la Seine, dont l'exécution n'est pas immédiatement nécessaire, et peut, sans inconvénient, être ajournée jusqu'à l'époque où l'administration en reconnaîtra l'opportunité.

Ainsi, tandis que, dans le projet de 1845, toutes les dépenses demeurent variables et soumises aux chances de l'imprévu, dans le projet Horeau, elles reposent sur des bases certaines, un forfait pour les travaux, une évaluation au maximum pour les acquisitions.

Or, quand, tout bien calculé, on arrive à reconnaître que les chiffres *absolus* du projet Horeau sont dès à présent *inférieurs* aux chiffres *approximatifs* du projet de 1845, il est impossible de ne pas voir de quel côté sera nécessairement, quant à l'économie, l'avantage définitif.

Reconnaissons le donc : Si le projet Horeau vaut mieux et beaucoup mieux que ceux qui l'ont précédé, ce n'est pas parce que son auteur aurait été plus hardi dans ses calculs et moins soucieux de la dépense. C'est tout simplement parce qu'il a su mettre à profit l'expérience de ses devanciers et les discussions que leurs travaux avaient fait naître ; et que, joignant ses propres études à l'étude de tout ce que les projets antérieurs offraient de bon ou de défectueux, il est arrivé à choisir l'emplacement le plus convenable et à y réaliser les combinaisons les plus intelligentes et les plus heureuses à la fois.

Voilà comment s'est constitué le projet Horeau, et voilà aussi comment, après l'avoir examiné avec soin dans toutes ses parties, on peut affirmer qu'aucune supériorité ne lui manque, pas même celle de la certitude des calculs, et de la réduction, au moindre chiffre possible, des dépenses indispensables à la création du grand marché d'approvisionnement.

§ 4.

Conditions proposées à l'administration municipale.

Le 12 mai 1849, MM. Callou et Lacasse, entrepreneurs de travaux publics, ont remis à M. le préfet de la Seine une soumission écrite, par laquelle ils s'engagent à construire les nouvelles Halles, conformément aux plans et devis descriptifs rédigés par M. Horeau, architecte, et déposés à l'appui du traité proposé.

Voici les conditions principales de la soumission :

1° Les entrepreneurs seront autorisés à traiter à l'amiable, au nom de la ville de Paris, toutes les fois qu'ils pourront le faire pour un prix n'excédant pas, y compris les frais, les 4/5 des estimations portées dans les deux états s'élevant, l'un à 28,760,563 fr. pour acquisitions de propriétés, l'autre à 7,190,140 fr. pour indemnités de locations. Quand les traités ne seront pas obtenus dans la limite ci-dessus fixée, les entrepreneurs porteront l'affaire devant le jury d'expropriation, et ils appelleront la ville à venir y défendre ses intérêts.

Ils s'engagent à payer, aux propriétaires et locataires dépossédés, toutes les indemnités qui seront ainsi fixées par les traités, ou par les décisions du jury, soit immédiatement, soit après le délai des formalités hypothécaires nécessaires pour la validité et la sécurité des paiemens.

2° Les entrepreneurs s'engagent à exécuter, dans le délai de six ans (1) au plus, à compter du jour où leur contrat deviendra définitif, tous les travaux indiqués par les plans et devis, pour la somme, fixée à forfait, de onze millions.

3° Les entrepreneurs accepteront, en paiement de toutes les sommes qui leur seront dues, tant pour acquisitions et indemnités que pour constructions, des annuités créées dans les formes légales, avec affectation spéciale à la construction des Halles nouvelles, et avec indication de la charge qui doit en résulter pour la ville de Paris, laquelle charge consistera dans le service d'une annuité de 7 pour 0/0, soit 3 1/2 pour 0/0 par semestre.

Cette annuité sera composée de 4 pour 0/0 d'intérêt, 2 pour 0/0 de prime, et 1 pour 0/0 d'amortissement.

L'amortissement (qui n'est que la restitution des avances faites, et conséquemment, le prix de l'établissement dont la ville devient propriétaire) progressant à chaque semestre, sur le pied de l'intérêt composé à 4 0/0 l'an, l'annuité s'étendra sur une période d'environ 46 ans. »

Tels sont les termes généraux du plan financier soumis à l'approbation de M. le préfet de la Seine et du conseil municipal.

La dépense, portée au projet Horeau pour 46,950,703 fr., subira, au chapitre des acquisitions, une réduction qui ne peut pas s'évaluer à moins de 4 à 5 millions.

D'un autre côté, la ville de Paris doit réaliser une somme à peu près égale, par les reventes des anciens emplacemens des Halles et des terrains récemment acquis. Cette évaluation ne peut faire aucun doute, puisque les entrepreneurs, dans la soumission même qu'ils ont déposée, consentent à recevoir, en compensation de leurs acquisitions, une partie de ces terrains estimés uniformément et sur le pied de 250 fr. par mètre de superficie.

Il est donc dès à présent certain que la somme, à couvrir par la ville de Paris, pour l'exécution du projet Horeau, se trouvera, par

§ IV.
PROPOSITIONS
A L'ADMINISTRATION
MUNICIPALE.
Conditions.

---

(1) Les entrepreneurs sont prêts à réduire le délai à 4 ans, et même à *trois ans*, à compter du jour où les expropriations seront terminées.

les deux causes qui viennent d'être indiquées, réduite de 8 à 10 millions, ce qui la fixera à un chiffre de 36 à 40 millions.

En prenant pour base le chiffre le plus élevé, 40 millions, l'annuité, à 7 pour 0/0, s'élèverait à 2,800,000 fr.

On voit que la combinaison proposée par la soumission est d'une simplicité extrême ; le taux de l'intérêt, le chiffre des primes, le mode de remboursement, offrent à la ville les conditions les meilleures et les facilités les plus grandes qu'on puisse réunir.

Il est vrai qu'un homme qui a souvent fait preuve d'un talent réel et d'une grande intelligence, mais dont la plume ne sait pas assez résister peut-être aux entraînemens de l'esprit de rivalité, s'est avisé, un jour, d'écrire, dans un journal politique, que l'opération projetée aurait pour résultat « .de grever la ville pendant 40 ans d'un impôt de 2,800,000 fr. par an, et, en définitive, *de tirer de sa caisse un capital de 120 millions !* »

Il n'est pas un de ceux qui liront ces lignes qui ne réponde, avant nous, que les intérêts entrent pour deux tiers dans ce capital-là. Peut-être aussi quelques-uns de nos lecteurs se rappelleront-ils que le *Journal des Travaux publics*, se saisissant de cette curieuse argumentation, priait son auteur de considérer qu'au moins la ville de Paris *sera libérée* après cet argent déboursé, tandis qu'un pauvre diable qui emprunterait 50,000 fr. à 6 0/0, et qui en paierait seulement l'intérêt pendant 40 ans, se trouverait *avoir tiré de sa caisse un capital de* 120,000 fr., et rester pourtant encore *débiteur* de ses 50,000 francs, résultat *bien plus inique* et bien plus digne, à tous égards, de doléances et de réclamations.

Ce qu'il y a de certain et de sérieux dans tout ceci, c'est que, pour une ville comme pour un particulier, aucune combinaison n'est moins onéreuse et plus commode que celle qui joint à l'intérêt ordinaire un amortissement très-divisé.

C'est le moyen de se procurer des ressources immédiates, et de réaliser la prompte exécution des grands travaux, sans effort de capital et sans atteinte au crédit, et tout le monde comprend que *l'impôt annuel, dont on se grève* ainsi pendant quelque temps, outre qu'il a l'avrntage d'éteindre la dette, s'allège sensiblement par les produits des travaux mêmes qu'il est destiné à solder (1).

Nous ne devons pas insister davantage sur cette partie de l'affaire. Le conseil municipal appréciera le plan financier qui lui est proposé ; il l'acceptera ou le modifiera au mieux des intérêts communs. C'est là un point à régler d'accord, et sur lequel les soumissionnaires indiquent un mode plutôt qu'ils ne formulent des conditions.

Disons maintenant les garanties offertes à l'administration municipale, à l'appui de la soumission déposée pour l'exécution du projet Horeau.

La première de toutes se trouve dans la personne même des entrepreneurs.

M. Callou, ancien membre du conseil des Prudhommes et du Tribunal de commerce, est aujourd'hui encore un des administrateurs du Comptoir national. Il a pris part à la construction de la chambre des députés, de la douane, des entrepôts, de l'hôtel du quai d'Orsay, du ministère des affaires étrangères, etc.

M. Lacasse, entrepreneur de charpente, ne se recommande pas à moins de titres. Il serait difficile de citer un grand travail, exécuté depuis vingt ans à Paris, auquel il n'ait pas concouru et qu'il n'ait pas mené à bonne fin.

L'administration municipale sait parfaitement ici avec qui elle contracte ; les antécédens des entrepreneurs, leur grande solvabilité personnelle, l'importance des propriétés foncières qu'ils possèdent, lui garantissent que tous leurs engagemens seront ponctuellement exécutés.

MM. Lacasse et Callou ont, en outre, été eux-mêmes au devant de tout ce que l'esprit le plus exigeant et le plus méticuleux pourrait désirer.

Ils ont écrit, dans leur soumission, qu'en aucun cas, aucune

---

(1) L'accroissement du revenu que les Halles nouvelles doivent procurer à la ville a été calculé et établi dans l'instruction faite en 1845.

§ IV.
PROPOSITIONS
A L'ADMINISTRATION
MUNICIPALE.
Conditions.

Garanties.

avance ne pourra être par eux réclamée, et qu'il ne devra leur être délivré d'annuités : pour les acquisitions, que sur le vu des contrats ou des jugemens, accompagnés de la quittance ; pour les constructions, que sur le vu d'états certifiés par les agens spéciaux de l'administration, constatant l'existence et l'estimation des travaux ; pour les unes et pour les autres, que par sommes et valeurs d'au moins cent mille francs.

Ils sont en mesure de justifier à l'administration municipale, qu'ils ont pris les arrangemens nécessaires pour mener avec la plus grande activité l'exécution du grand travail dont ils offrent de se charger ; — et que les 35 millions, maximum des acquisitions à faire, et les 11 millions, prix à forfait des constructions, sont dès à présent à leur disposition.

Enfin, ils offrent, pour garantie de la pleine et loyale exécution de tous leurs engagemens, tel cautionnement que l'administration jugera convenable de fixer.

Il semble, au point où nous sommes parvenus, qu'aucune difficulté ne reste possible, et qu'il n'y a plus qu'à se hâter de conclure et de faire marcher l'opération.

Mais, quelle que soit l'urgence, et quelque bonne volonté qu'on puisse apporter de toutes parts, les formes administratives et les nécessités qu'elles entraînent vont peser sur les résolutions à prendre, et mettre bien des mois encore entre l'heure où nous écrivons ces lignes et l'heure où les travaux pourront s'ouvrir.

Et puis, il y a aussi, dans l'esprit humain, une singulière disposition dont il faut bien tenir compte. C'est celle qui, dans les questions les mieux étudiées, et quand toutes les difficultés sérieuses sont aplanies, fait qu'on s'ingénie à susciter des objections secondaires que les intérêts opposés s'empressent d'exploiter, et qui sont d'autant plus dangereuses, que, n'ayant aucune valeur appréciable, elles ne peuvent pas toujours être saisies et détruites par la discussion.

Ici, par exemple, nous avons vu un homme très-honorable,

qu'un examen attentif de l'affaire avait amené à reconnaître hautement l'excellence et la supériorité du projet Horeau, et à donner même une complète approbation au plan financier proposé pour son exécution, se prenant tout à coup d'une hésitation considérable à la pensée des délibérations de 1845 !

L'administration municipale peut-elle bien revenir sur ce qu'elle avait décidé avec l'approbation du Gouvernement ? Les expropriations faites, les travaux commencés, les démolitions opérées, tout cela n'a-t-il pas engagé la ville d'une manière irrévocable ?

La ville engagée, et avec qui donc, s'il vous plaît ?

Elle était autorisée, et non condamnée, sans doute, à suivre les plans de 1845. Elle n'avait pris aucune obligation, ni fait aucun contrat à ce sujet.

Elle est donc parfaitement libre de s'arrêter aujourd'hui devant les inconvéniens qu'elle y aperçoit, et d'adopter un projet mieux combiné et plus conforme à ses véritables intérêts.

On comprendrait que, si des ouvrages importans étaient exécutés, on se résignât à les continuer, par la considération des dépenses déjà faites, et des pertes que l'adoption d'un plan meilleur devrait entraîner.

Mais il n'y a pas une tranchée ouverte, pas une pierre apportée, pas un marché fait, même pour travaux préparatoires.

Quant aux acquisitions et aux démolitions qui ont eu lieu, personne ne s'avisera d'y voir une dépense inutile et regrettable. Quel que soit le projet qu'elle adopte pour ses Halles, la ville de Paris aura toujours à s'applaudir d'avoir ouvert la place qui existe aujourd'hui devant Saint-Eustache.

Elle s'en applaudira surtout avec le projet Horeau, qui, au lieu d'encombrer cette place à l'instant même où elle apparaît, la conserve précieusement, y trace de larges voies de communication, et arrive à doter un quartier qui manquait d'air, d'un magnifique square, en même temps qu'il assure à la ville le placement le plus avantageux des terrains qui le borderont.

Mais l'objection ne s'arrête pas là.

§ IV.
PROPOSITIONS
A L'ADMINISTRATION
MUNICIPALE.
Objections.

§ IV.
PROPOSITIONS
A L'ADMINISTRATION
MUNICIPALE.
Objections.

Les propriétés contiguës à l'emplacement qu'on avait adopté et qu'on délaisse, ne vont-elles pas perdre leur valeur ? N'y avait-il pas au moins une obligation morale prise envers les propriétaires, et la ville peut-elle s'en dégager ?

La ville a une obligation morale à remplir, quand, sur la foi de ses actes ou de ses promesses, il s'est accompli des faits ou créé des entreprises qu'un changement de résolution modifierait gravement ou ferait périr. Mais ici rien de semblable ne peut être même allégué ! Pas un édifice ne s'est élevé, pas une opération n'a été formée en vue de la future place des Halles. Les acquisitions ont compris partout la totalité, et non de simples parcelles, des propriétés atteintes ; sur aucun point, les prix n'ont pu être fixés en vue de l'avantage que les propriétaires expropriés trouveraient dans l'exécution des projets annoncés. Ainsi, sous quelque rapport que ce puisse être, aucune obligation, même morale, ne pèse sur la ville ; et si l'adoption du projet Horeau devait diminuer réellement une valeur un moment élevée par l'annonce du premier projet, il n'en résulterait pour les propriétaires que la perte d'une simple espérance dont aucun d'eux ne pourrait jamais demander compte à l'administration.

Il s'en faut bien, d'ailleurs, que le changement de projet puisse porter préjudice aux propriétaires dans l'intérêt desquels on réclame, et l'objection suppose ou une ignorance absolue, ou une connaissance bien incomplète du projet Horeau.

Quant au quartier, il ne perd aucun des avantages que les Halles peuvent lui donner. Elles continuent, en effet, de lui appartenir, et le déplacement qu'elles subissent n'est pas assez considérable pour porter le moindre préjudice aux établissemens et aux grandes industries qui s'y rattachent.

Quant aux propriétés voisines de Saint-Eustache, la place conservée devant l'église, le prolongement de la rue Montmartre, l'ouverture des deux grandes rues qui partent de la rue des Prouvaires, et mettent le pont Neuf en communication avec l'hôtel des Postes et avec la pointe Saint-Eustache, auront pour résultat de leur donner un accroissement de valeur bien autre que celui qu'elles pouvaient attendre de l'installation des Halles sur les espaces que nous voulons livrer à la circulation.

On voit donc que les prétendues obligations morales envers les propriétaires ont à peu près la même valeur que les engagemens qu'on voulait faire résulter des actes de l'autorité.

Voici maintenant une objection de droit :

Si la ville n'exécute pas le projet pour lequel les expropriations ont eu lieu, a-t-elle le droit de disposer des immeubles par elle acquis? La loi de 1841 ne l'oblige-t-elle pas à les rendre à leurs propriétaires?

La difficulté n'est pas sérieuse; mais on l'a trop de fois reproduite pour qu'il n'y ait pas utilité à en faire justice.

L'article 60 de la loi du 3 mai 1841, sur lequel on s'appuie, est ainsi conçu :

« Si les terrains acquis pour des travaux d'utilité publique ne reçoivent pas cette destination, les anciens propriétaires ou leurs ayant droit peuvent en demander la remise.

Le prix des terrains rétrocédés est fixé à l'amiable, et, s'il n'y a pas accord, par le jury, dans les formes ci-dessus prescrites. La fixation du jury ne peut, en aucun cas, excéder la somme moyennant laquelle les terrains ont été acquis. »

On voit que le droit à la rétrocession n'appartient aux propriétaires que lorsque les terrains acquis pour des travaux *d'utilité publique* ne reçoivent pas *cette destination*, et non lorsque les travaux projetés *sont modifiés*. Peu importe donc que la ville de Paris élève ou n'élève pas les pavillons de ses Halles devant Saint-Eustache. La place qu'elle y formera, les rues qu'elle y fera passer, maintiendront complétement la *destination d'utilité publique* qui a motivé l'expropriation.

D'un autre côté, même pour les portions de terrain que les reventes de la ville de Paris feront rentrer dans le domaine privé, la loi est sans application possible. Elle ne dispose *que pour des acquisitions de terrains*, dont la reconnaissance et la rétrocession demeurent toujours possibles. Or, il s'agit ici d'acquisitions d'*édifices* au-

§ IV.
PROPOSITIONS
A L'ADMINISTRATION
MUNICIPALE.
Objections.

jourd'hui démolis, et dont l'emplacement même se reconnaîtrait difficilement.

Et après tout, quand on voudrait admettre un droit en faveur des propriétaires qui retrouveraient leurs terrains sur les plans parcellaires, ce droit, qui n'est pas de *reprendre*, mais de *racheter*, se réduirait, pour eux, à être préférés à tous autres acquéreurs, dans les ventes que fera la ville, et à payer, pour la rétrocession qui leur serait ainsi faite, un prix réglé à l'amiable ou fixé par le jury.

Il n'y a donc, au fond de cette objection tant répétée, ni un obstacle, ni même une gêne d'exécution, et le texte de la loi qu'on invoque suffit pour écarter toute difficulté.

Mais ce n'est pas tout encore, et il nous reste à nous expliquer sur une question dont on fait beaucoup de bruit, et qui sera probablement engagée devant le conseil.

L'administration peut-elle bien confier une entreprise aussi considérable que la création des Halles centrales aux spéculations de l'industrie particulière ? Ne convient-il pas qu'elle s'en réserve la direction ?

Nous ne voulons pas regarder dans quel intérêt cette question est agitée. Nous voulons la résoudre avec du bon sens et des souvenirs.

La seule considération qu'on invoque parfois contre l'industrie particulière, se prend dans la crainte que, trop préoccupée du bénéfice qu'elle poursuit, elle ne sacrifie tout à l'économie, même la bonne confection et la solidité.

Cette crainte n'est guère admissible, devant ce seul fait, que les travaux sont placés sous la direction de M. Horeau, l'auteur des plans et du projet qu'il s'agit d'exécuter. L'intérêt de l'art domine ainsi, en effet, les intérêts industriels, et, appelé à réaliser l'œuvre à laquelle il a donné son nom, l'architecte ne doit rien négliger pour y réunir toutes les conditions possibles de perfection et de durée!

Mais des garanties plus positives sont offertes par le système proposé pour l'exécution.

Tous les travaux à faire, tous les matériaux à employer sont décrits et détaillés dans les devis joints à la soumission.

Tout se fera sous la surveillance des agens spéciaux de l'administration, chargés de constater le degré d'avancement et de bonne confection des travaux, dans les procès-verbaux sur le vu desquels se délivreront les annuités ; et la réception définitive aura lieu avec les formalités ordinaires.

Les choses se passeront donc exactement comme si l'administration faisait exécuter elle-même, et de plus, avec les conditions d'activité et d'économie qu'il n'est donné qu'à l'intérêt privé de réaliser.

Pourquoi insister, au surplus, quand l'expérience a si hautement démontré les avantages de ce système, quand les immenses docks de Londres, quand les ponts à péage, la douane, les entrepôts de Paris, sont là pour répondre à des craintes chimériques et pour dispenser de toute discussion !

Enfin, si jamais l'aide de l'industrie particulière pouvait être déclinée, serait-ce dans une circonstance où elle peut seule commencer immédiatement, et achever, dans le plus bref délai, des travaux dont tout le monde apprécie l'urgence et l'extrême nécessité !

La ville de Paris a-t-elle, en ce moment, des capitaux pour acquérir des terrains et pour élever des constructions ?

Peut-elle, sans altérer son crédit, penser à mettre quelque emprunt en adjudication ? Quelles que soient les combinaisons auxquelles elle aurait recours, arriverait-elle à faire en 10, en 12 années, ce que les entrepreneurs qui se présentent offrent d'exécuter en 3 ou 4 ans ?

Nos faiseurs d'objections savent bien à quoi s'en tenir sur tout cela.

Ils savent que l'état des finances de la ville ne lui permet de rien entreprendre, et que, même avec l'allégement produit par l'extrême division de l'amortissement proposé, elle sera encore obligée, pour ne pas s'obérer, de réclamer le concours de l'État.

§ IV.
PROPOSITIONS
A L'ADMINISTRATION
MUNICIPALE.
Objections.

Ils savent que le refus de l'opération Horeau équivaudrait, de la part de l'administration, à un ajournement indéfini de la création des Halles centrales !

Et, il faut bien le dire, c'est précisément parce que toutes ces choses leur sont connues, que tant de gens, dont il n'est pas difficile de pénétrer la véritable pensée, s'en vont partout répétant, grossissant, exploitant avec ardeur les objections que nous venons d'indiquer et cent autres encore plus futiles.

Réduits à l'impuissance de soutenir le plan de 1845, ou de combattre le projet Horeau, par des raisons de quelque poids, ils se cramponnent à tout ce qui peut, au moment de la résolution définitive, jeter de l'hésitation dans les esprits.

Ils se disent que les grandes opérations ne s'organisent et surtout ne se renouent pas facilement, et que si, par un moyen quelconque, on pouvait faire écarter ou ajourner les propositions de MM. Callou et Lacasse, on ne les verrait probablement jamais reparaître.

Résumé.

Ainsi, tandis que l'intérêt du commerce et la salubrité publique réclament avec instance des améliorations promises depuis 40 ans, tandis que toutes nos industries aspirent à une reprise de travail qui n'importe pas moins à la tranquillité qu'à la prospérité du pays, toutes sortes de misérables intérêts de concurrence, d'amour-propre, d'obstination ou de routine, s'agitent, et espèrent arriver, par mille petits moyens, à rendre stériles les meilleures pensées et à paralyser les efforts les plus généreux !

C'est au conseil municipal, c'est à M. le préfet de la Seine à déjouer tous ces calculs, par la promptitude et la netteté de leurs résolutions.

Quant à nous, après avoir réuni et mis sous les yeux de l'administration, tous les élémens qui nous ont paru propres à éclairer la délibération qui va s'ouvrir, nous ne pouvons garder aucun doute sur le résultat.

Il est impossible de laisser plus longtemps subsister l'état actuel des Halles.

Il est impossible de trouver un projet qui satisfasse plus complétement que le projet Horeau, à toutes les conditions spéciales à l'établissement lui-même, et qui se relie plus heureusement aux plans généraux d'embellissement et d'assainissement de Paris.

Il est impossible de trouver des combinaisons moins onéreuses et offrant de plus solides garanties, que celles que les entrepreneurs ont présentées pour l'exécution du projet.

Il est impossible, dès lors, que l'administration municipale hésite et tarde à y donner sa complète adhésion.

§ V.

Concours demandé à l'État.

Nous avons dit, au commencement de ce mémoire, qu'il y a nécessité, convenance, justice, dans le concours demandé au gouvernement pour les dépenses d'établissement des nouvelles Halles.

Le moment est venu de le prouver.

La situation financière de la ville de Paris est connue.

En 1848, les dépenses ont excédé les recettes de 11 millions : l'excédant de 1849 a été de 9 millions encore. Pour couvrir ces déficits, et pour faire face à des dépenses extraordinaires, il a fallu réaliser un emprunt de 25 millions, et élever tous les élémens des recettes aux plus hauts chiffres possibles. On a rétabli le droit d'octroi sur la viande, frappé tout ce qui pouvait être considéré comme matière imposable, les œufs, le sel, etc., et porté aux dernières limites ces nouveaux impôts et les impôts déjà existans. En même temps, la propriété foncière était grevée de centimes additionnels énormes ; et cependant, malgré tant d'efforts, le budget

§ V.
CONCOURS DE L'ÉTAT.

Finances de Paris.
Grands Travaux.

de 1850 n'a pu être équilibré que par la suppression de la majeure partie des grands travaux projetés (1).

C'était là une résolution extrême. Le conseil municipal l'a prise, pensant avec raison que la première condition d'une bonne administration est de maintenir dans les finances un ordre sévère, et de ne rien livrer aux chances du hasard, mais ne se faisant pas illusion pourtant sur les fâcheuses conséquences de l'économie à laquelle il était obligé de se résigner.

C'est que cette économie est de celles qui diminuent les ressources de la population ouvrière, et qui, par suite, amènent, en regard de la réduction dans les dépenses, une réduction inévitable dans la consommation et dans les recettes qui s'y rattachent, et une aggravation dans les charges que la misère publique apporte au budget municipal. Aussi, n'est-il pas de membres du conseil qui, en donnant leur adhésion à la réduction de l'article *travaux publics*, ne se soient réservé de voter, avec empressement, toutes les mesures qui pourraient encourager l'industrie privée, et arriver à faire renaître, en dehors des embarras financiers qu'on avait redoutés, une des sources les plus importantes de la prospérité et des revenus de la ville.

Le projet Horeau est venu répondre de la manière la plus complète à ces prévisions et à ces vœux.

A côté des onze millions qu'il affecte à la construction des Halles, il détermine un mouvement considérable de travaux particuliers,

---

(1) Le budget de 1850 contient une somme de 5.929,033 francs affectée aux grands travaux.

Mais cette somme est consacrée, pour la plus forte partie, à des acquisitions et des démolitions destinées à opérer l'isolement de l'Hôtel-de-Ville, l'élargissement des rues François-Miron et du Pourtour-Saint-Gervais, le prolongement de la rue de Rivoli, et quelques améliorations de la voie publique. Les seuls travaux neufs, portés au budget, se composent de l'achèvement de l'église Sainte-Clotilde, et de quelques constructions destinées aux écoles, et aux mairies des 3e, 11e et 12e arrondissemens.

Le Conseil a écarté tous les autres travaux, même ceux que les hospices réclamaient avec le plus d'instance, et n'a consacré ainsi que quelques centaines de mille francs à la construction, qui, dans les années précédentes, figurait toujours au budget pour plusieurs millions.

pour la construction, notamment, des maisons dont les spéculateurs vont border les rues nouvelles.

Par là, une grande impulsion est donnée, et l'on peut espérer voir se relever enfin toutes ces industries dont l'anéantissement laisse tant d'ouvriers inoccupés, et voir renaître et s'accroître avec elles le bien-être du présent et la sécurité de l'avenir.

Mais, quoique ces résultats doivent se produire surtout par les capitaux et par l'effort des spéculations particulières, une obligation cependant est demandée à la ville.

L'allègement obtenu par les combinaisons proposées, laisse encore à sa charge une annuité de près de trois millions.

Cet engagement, l'état des finances permet-il de le prendre ? La nécessité d'en finir avec la condition déplorable des Halles, la perspective des avantages à réaliser par l'exécution du projet, doivent-elles décider la ville à tenter un nouvel effort et à contracter immédiatement?

En même temps que cette question s'est posée, une autre a surgi: *Question du concours de l'État.* La ville doit-elle supporter *seule* les sacrifices que réclame l'entreprise des Halles nouvelles?

Cet épuisement des ressources municipales, qui pourrait faire hésiter le conseil, n'est-il pas, pour une forte partie, la conséquence directe des faits de l'État?

Ces avantages qui, d'un autre côté, pèsent d'un si grand poids dans la balance, ne doivent-ils pas profiter aux départemens, au Trésor public, à l'État enfin, au moins autant et plus peut-être qu'à la ville de Paris?

N'est-il pas, dès lors, souverainement équitable que l'État contribue pour une part à la dépense dont il s'agit?

Nous l'avons déjà dit : Au commencement de l'exercice 1848, *Dépenses de 1848.* qui devait se clore par un déficit de 11 millions, la ville de Paris avait, en dehors des ressources ordinaires de son budget, une somme de 17 millions déposée au Trésor, avec affectation spéciale aux acquisitions et aux constructions de ses Halles.

§ V.
CONCOURS DE L'ÉTAT.
Finances de Paris.
Dépenses de 1848.

Cette somme s'est trouvée absorbée, en presque totalité, dans les premiers mois de 1848, par les besoins résultant de l'établissement du gouvernement nouveau.

Personne, assurément, ne prétendra que les dépenses de l'Hôtel-de-Ville, après la révolution de Février, et les sommes employées à l'organisation des corps alors armés, et à d'autres nécessités du même ordre, dussent être regardées comme des dépenses *municipales.*

Si les luttes qui décident de l'existence des gouvernemens doivent, par la force des choses, s'engager et se vider dans le lieu où ils ont leur siége, il n'y a pas là de motif pour faire une condition particulière aux capitales dans le sein desquelles ces grands événemens s'accomplissent. Les conséquences des révolutions appartiennent, comme les causes qui les ont produites, à la nation dont elles règlent les destinées, et leurs dettes demeurent, dans tous les temps, la dette du pays tout entier.

La pénurie du Trésor pouvait donc seule motiver le changement de destination des 17 millions déposés, et leur application à des services auxquels le gouvernement devait pourvoir. La ville de Paris paya pour l'Etat, et la forme même dans laquelle les dépenses furent ordonnancées vint confirmer leur véritable caractère. Ni conseil municipal, ni commission provisoire ne furent appelés à statuer sur l'emploi des deniers appartenant à la ville : Tout fut réglé par des arrêtés du gouvernement.

Il y a, dans ces premiers faits, une considération grave et qui doit saisir tous les esprits, alors surtout qu'il s'agit de faire face à la dépense même des Halles que les 17 millions absorbés étaient destinés à couvrir.

*Intérêt
des départemens.*

La justice et la convenance du concours demandé à l'Etat n'apparaissent pas avec moins d'évidence, quand on regarde comment doivent être recueillis les bénéfices des grands travaux que nous réclamons, et à qui doit profiter d'une manière toute spéciale l'établissement qu'il s'agit de former.

Nous n'en sommes plus, Dieu merci, à nous défendre des pauvretés si longtemps débitées sur les fâcheux effets de la puissance d'absorption des grands centres. Tout le monde comprend aujourd'hui que la prospérité des grandes capitales importe essentiellement à la prospérité du pays; car, en développant la consommation dans une forte proportion, et en faisant *absorber* des quantités considérables de produits, elles vivifient par là même la production, mettent en valeur le sol et l'industrie, et deviennent ainsi un des instrumens les plus féconds de la richesse publique.

Mais ces données générales, et le sentiment vrai de l'identité des intérêts de Paris avec les intérêts de toute la France, ne suffisent pas encore pour faire bien apprécier l'influence d'un vote de grands travaux à Paris. Il faut, pour en avoir une juste idée, se rendre compte de la part que prend la province dans le bénéfice même des travaux.

Cette part est de la moitié.

La somme affectée, dans le projet Horeau, à la construction des Halles est de onze millions.

Paris y trouvera cinq millions de travaux de mise en œuvre : la province fournira six millions de matériaux : or, il ne faut pas s'y tromper, ce qui est livré aux entrepreneurs, à Paris, comme matériaux de construction, a déjà, dans la réalité, payé, en mains d'œuvre et en transports, aux diverses industries des départemens, les quatre cinquièmes de sa valeur.

Les devis du projet Horeau réclament pour trois millions de fers et autres métaux, qu'enverront le Berry, le Nivernais, la Franche-Comté, la Picardie.

Le granit, les pierres, les briques et autres matériaux figurent dans la dépense pour près de trois milllions : la Bretagne, la Normandie et la Bourgogne en fourniront la presque totalité.

Nous n'apprendrons à personne pour quelle part énorme la main d'œuvre entre dans le prix des métaux, et aussi dans le prix des briques, de la chaux et du plâtre; tout le monde comprend que ce sont là de véritables produits fabriqués.

Quant aux pierres, qui semblent devoir représenter une plus

§ V.
CONCOURS DE L'ÉTAT.
Intérêt
des départemens.
Profits des travaux.

grande valeur de matière, la main d'œuvre forme encore les 7/10 de leur prix. En prenant, en effet, pour sujet d'étude un mètre cube de pierre moyenne, vendu à Paris 50 fr., on reconnaît qu'après la déduction des droits d'entrée et de mesurage, de 2 fr. 76 c., les 47 fr. 24 c., qui restent, contiennent 35 francs et quelques centimes, payés pour frais d'extraction et de transport.

Nous n'avons parlé jusqu'ici que de la maçonnerie et des métaux, parce que les travaux des Halles n'emploient pas autre chose : le bois n'y apparaît que pour les échafauds et les équipages. Mais les nombreux édifices particuliers, qui doivent s'élever en même temps que les Halles, vont demander à nos forêts et à nos montagnes les bois nécessaires pour les charpentes de leurs planchers, de leurs refends, de leurs toitures, et pour tous les travaux de parquets, de fenêtres, de portes et de lambris.

Là encore, et plus peut-être que pour tout le reste, les provinces les plus éloignées viennent fournir leur tribut et prendre leur part du bénéfice. Personne n'a oublié la hausse que les travaux exécutés à Paris, en 1825 et 1826, avaient produite jusque dans les Vosges, dans les Cévennes et dans le Jura ; et personne n'ignore à quels bas prix tous les bois de construction descendent, dans nos temps de crise politique, et quand l'industrie du bâtiment est frappée de stagnation.

Qu'on veuille bien, maintenant, se souvenir qu'il ne s'agit ici, ni d'un crédit à répartir par faibles fractions sur un grand nombre d'années, ni de travaux qui puissent s'interrompre ou se ralentir, mais bien, d'une somme de 11 millions qui doit être dépensée en trois ans, quatre ans au plus, pour la construction des Halles, et aussi d'immenses entreprises parallèles que les spéculateurs auront intérêt à terminer en même temps ! — Qu'on veuille bien aussi regarder un instant, par la pensée, ce que des commandes de cette importance doivent donner d'activité à la production, au travail, aux transports, dans les pays de provenance et dans les contrées à traverser, et quelle influence elles doivent, par là même, exercer sur sur toutes les industries ! — Alors, on comprendra et l'on reconnaîtra avec nous, que la France n'est pas moins intéressée que la ville de Paris à l'exécution des travaux projetés.

Ces raisons sont bien graves ; mais, nous devons le dire avec franchise, elles ne suffiraient pas à nos yeux pour légitimer le concours de l'État, si le capital, dont le mouvement doit vivifier ainsi l'industrie pendant le cours des travaux, ne devait pas, après leur exécution, se transformer en un établissement utile et productif.

L'emploi de la fortune publique à la création de monumens ou d'ouvrages d'art improductifs, appartient aux époques de grande prospérité, quand tous les besoins sont satisfaits, et que la société peut, comme un simple particulier, employer le superflu de sa richesse à orner et à embellir sa demeure.

On peut le concevoir encore dans les temps de crise et d'urgence, lorsqu'il faut, à tout prix, occuper les bras inactifs, et qu'on prend le travail, en quelque sorte, où on le trouve, faute de loisir pour préparer et étudier de meilleures combinaisons.

Mais quand la société se trouve dans des conditions à peu près normales, quand l'état des finances n'est ni assez prospère pour autoriser des dépenses de luxe, ni assez désespéré pour faire tout sacrifier aux nécessités du moment, le gouvernement ne doit admettre, et la raison publique ne sanctionne, que les placemens vraiment utiles, que les entreprises qui peuvent, à la fois, venir en aide au présent et enrichir l'avenir.

C'est parce que la création des Halles centrales nous paraît réunir, au plus haut degré, ces conditions, que nous la soutenons au nom de l'utilité publique, et que nous demandons au gouvernement d'y contribuer.

On a vu, dans la première partie de ce mémoire, que l'établissement des Halles doit être, pour la ville de Paris, un instrument d'ordre, de salubrité, d'accroissement des revenus municipaux.

Il nous reste à montrer jusqu'à quel point cet établissement intéresse les départemens, et à prouver qu'après avoir pris une large part au profit des travaux, ils prendront une part plus large encore aux avantages qu'il est permis d'en espérer.

C'est pour les vendeurs surtout que les Halles sont faites.

Eux seuls y séjournent, eux seuls ont besoin d'y trouver un abri pour leurs personnes, et pour les marchandises qu'ils viennent offrir à l'acheteur qui passe, et qui fait çà et là ses acquisitions.

Eux seuls encore ont intérêt à ce que tout soit combiné de manière à assurer la vente de toutes les denrées apportées, et à empêcher qu'il se commette aucune fraude au préjudice des expéditeurs qui ne peuvent pas accompagner et vendre eux-mêmes leurs marchandises.

Il est vrai que c'est à la ville de pourvoir à la tenue de son marché. La loi la charge de la police, et lui accorde les perceptions destinées à en couvrir les frais. Elle doit donc se mettre en mesure d'offrir aux marchands l'abri et la sécurité qui leur sont nécessaires. Tout cela est bien entendu et bien compris.

Mais si, avec tout le désir, toute la bonne volonté possibles, la ville est arrêtée par de graves difficultés financières, et si ces difficultés sont de nature à se résoudre par un partage de la dépense, les vendeurs, sur qui pèseraient surtout les inconvéniens d'un ajournement, et à qui doivent surtout appartenir les profits d'une réalition immédiate, s'empresseront de répondre à l'appel, et viendront d'eux-mêmes offrir leur contribution.

Or, quels sont, à l'heure présente, les vendeurs des denrées qui composent l'approvisionnement de Paris ?

Il y a quarante ans, c'étaient, pour la presque totalité, les quatre ou cinq départemens les plus rapprochés de la capitale.

La facilité des communications, produite d'abord par l'amélioration des routes, et plus tard par la création des chemins de fer, a successivement porté le nombre des départemens fournisseurs à 15, à 20, à 30 ; et enfin, les relevés de l'année dernière nous montrent l'approvisionnement des Halles se répartissant, dans de grandes proportions, entre trente-sept départemens.

Ainsi, l'on y trouve la marée, 6 millions de francs, fournie par

14 départemens : les poissons d'eau douce, 700,000 fr., par 8 dé- § V.
CONCOURS DE L'ÉTAT.
*Intérêt
des départemens.*
Avantages des halles.
partemens ; les beurres, fromages et œufs, 18 millions, par 11 départemens ; les volailles et la petite boucherie, 6 millions, par 9
départemens ; le gibier, environ 1 million, par 7 départemens : le
tout, sans compter ce qui se vend en dehors des Halles, ou par
envois faits directement des pays de production les plus éloignés.

Dans dix ans, les vendeurs ne seront plus seulement 37 départe-
temens : ce seront tous les départemens producteurs, trouvant,
dans la rapidité des transports et dans la diminution des frais,
la possibilité d'envoyer avec bénéfice leurs denrées au marché
central.

Eh bien ! c'est de tous ces vendeurs que nous provoquons le
concours, en leur montrant ce qu'un service intérieur bien combiné doit leur offrir de sécurité et d'avantages.

Nous venons substituer aux entassemens sur la voie publique, et
aux ventes tumultueuses qui les suivent, la régularité d'un
grand établissement où les arrivages s'opèrent sans confusion, où
les marchandises sont préservées de toutes avaries, où les ventes
se font avec ordre.

Nous mettons dans les meilleures conditions possibles, les propriétaires qui vendent eux-mêmes ; nous offrons à ceux qui expé-
dient, toutes les garanties désirables contre les négligences, les
fraudes, les insolvabilités des agens intermédiaires.

L'installation des Halles nouvelles amènera le développement
complet de l'institution, déjà si justement appréciée, du factage,
et permettra de l'appliquer à toutes les denrées sans distinction.
Or, quand l'expéditeur peut, en envoyant une marchandise quelconque aux Halles, donner l'ordre de la vendre aux criées à l'arrivée, la spéculation n'offre plus ni difficultés, ni dangers. Car la
vente devient certaine, la forme dans laquelle elle a lieu fixe les
prix, et la moralité des facteurs, agréés par l'administration et
versant un cautionnement pour sûreté de leur gestion, en assure
le recouvrement immédiat.

Alors, les envois pourront se faire de toutes les parties de la

§ V.
CONCOURS DE L'ÉTAT.
*Intérêt
des départemens.*
Avantages des halles.

France, et toutes les parties de la France participeront équitablement au déversement des richesses que le développement des arts, des sciences, de l'industrie, et le concours même des étrangers font affluer dans la capitale.

Ceci nous conduit à une considération que nous croyons digne d'un sérieux intérêt.

Quand le monopole de l'approvisionnement de Paris appartenait aux départemens limitrophes, le haut prix qu'ils obtenaient de leurs produits y donnait une valeur exorbitante à la terre et à l'industrie. Pendant ce temps, beaucoup de départemens plus éloignés consommaient sur place leurs produits identiques, auxquels l'absence de débouchés ôtait toute valeur, et l'industrie et la terre y subissaient la même dépréciation.

Dès les premiers temps de la mise en activité des chemins de fer, on vit s'organiser, vers Paris, des transports de légumes, de volailles, d'œufs, et même de laitage, envoyés de très-grandes distances, et dans des proportions qui étonnaient ceux qui ne réfléchissaient pas que la différence de valeur de tous ces objets, sur les lieux et à Paris, était assez considérable pour laisser encore un bénéfice important, après la déduction des frais de transport.

Le succès de ces tentatives en amena d'autres du même genre, et c'est ainsi que s'est accru progressivement, et dans de grandes proportions, le nombre des départemens fournisseurs.

Ce mouvement est utile, et il faut le seconder.

Paris, par la situation que lui ont faite la nature et les travaux incessans des hommes, par les rivières, par les canaux, les routes, les chemins de fer au centre desquels il est placé, Paris est, pour la France, le point où tout converge, le point d'où tout rayonne.

Avec des halles bien installées et bien dirigées, Paris doit être et sera le marché régulateur de la France.

L'extension de son rayon d'approvisionnement, et, au-delà
même de ce rayon, le mouvement de proche en proche, soutenu
par l'influence des centres secondaires de consommation, arrive-
ront promptement à établir partout un rapport juste et nécessaire
dans le prix des denrées, et à faire participer toutes les parties du
territoire aux progrès de la richesse, et à l'accroissement qui en
résulte dans la valeur même du sol.

§ V.
CONCOURS DE L'ÉTAT.
*Intérêt
des départemens.*
Avantages des halles.

En même temps, et sous l'influence d'une bonne organisation
des Halles, le marché de Paris deviendra un lieu d'approvisionnement, non-seulement pour la population de la capitale, mais
pour les villes voisines et pour l'étranger. On ne sait pas, générale-
ment, quelle importance ont, déjà, les envois que fait Paris à
plusieurs de nos grandes villes, et plus particulièrement en Angleterre et en Belgique, des denrées alimentaires que les dépar-
tements producteurs n'auraient ni l'occasion, ni la possibilité
d'expédier directement. Il est aisé d'apprécier ce que cette industrie apportera, en se développant, de facilités et de bénéfices
dans le placement des produits.

Voilà les principaux avantages que nous apercevons pour les
départemens, dans l'exécution du projet qui nous occupe. De
ces avantages, quelques-uns appartiennent à l'avenir, le plus
grand nombre se produira dès la première heure. Que ceux donc
qui doivent les recueillir hâtent, de leurs efforts et de leur concours, le moment de la réalisation !

Subvention.

Les membres les plus compétens du conseil municipal de
Paris pensent qu'une subvention d'un million de rentes devrait
suffire pour lever toute difficulté, et que la ville trouverait aisément, dans ses ressources et dans l'accroissement ultérieur de
son revenu, de quoi faire face à l'excédant.

Si ce chiffre, qu'il ne nous appartient pas de déterminer, sem-
blait suffisant au conseil, il est évident qu'en mettant même de
côté la pensée de restitution que la première partie de cette étude
a fait apparaître, les intérêts généraux du pays sont assez engagés

dans la question, pour qu'un tel sacrifice ne dût pas paraître exorbitant.

Mais nous irons plus loin, et nous prouverons que, dans la limite d'un million de rentes, la subvention sollicitée ne pourrait pas être regardée comme un sacrifice : car le trésor public doit obtenir, par l'opération même, des profits de beaucoup supérieurs à la charge dont il se greverait.

Le premier de ces profits consiste dans les droits de mutation qui vont se percevoir sur les transmissions de propriétés.

Les acquisitions à faire pour l'exécution du projet Horeau sont évaluées à 35,950,703 fr.; les immeubles y figurent pour 28,760,563 francs.

En supposant qu'on obtienne sur ces chiffres toutes les réductions espérées, il restera environ 32 millions à payer aux propriétaires et locataires dépossédés.

Il est facile d'apprécier ce que le Trésor devra gagner au mouvement de ces 32 millions qui se replaceront, pour la majeure partie, en immeubles, et dont le surplus, en se portant sur la rente, aura pour résultat d'élever et d'affermir les cours.

De plus, les spéculations sur les terrains mis en vente par la ville, les reventes par parcelles, pour construire, des emplacemens des Halles actuelles et du sol bordant les rues neuves, les ventes des édifices qui vont s'élever, de toutes parts, assurent encore au Trésor des recettes énormes ; et toutes ces recettes, il ne faut pas le perdre de vue, s'effectueront aussitôt après la conclusion du traité.

Le second profit est plus considérable encore, car il est le résumé et, en quelque sorte, l'expression en argent, de tous les avantages commerciaux et industriels que nous avons successivement passés en revue.

Quand nous montrons ce que l'exécution des travaux d'abord, et plus tard la mise en activité des Halles, doivent donner de développement à la prospérité générale, à l'aisance individuelle, et, par suite, à la consommation, pouvons-nous oublier que cette consommation qui enrichit les producteurs par le haut prix qu'elle donne à leurs produits, enrichit aussi le Trésor public par l'accroissement du revenu des contributions indirectes !

§ V.
CONCOURS DE L'ÉTAT.
Intérêt du Trésor.
Contributions.
indirectes.

Ce revenu avait subi, en 1848, une diminution de 158 millions, comparativement à l'année précédente.

Un peu amélioré en 1849, il est resté cependant inférieur encore de 120 millions au revenu de 1847.

La ville de Paris figure à elle seule pour environ un dixième dans les chiffres que nous venons de poser.

Eh bien ! ranimez Paris, non pas à la surface où, dès long-temps déjà, tout s'agite et brille, mais dans les profondeurs où le manque de travail produit encore tant de découragements et de souffrances ; faites que la spéculation se réveille, que les capitaux circulent, que les ouvriers soient occupés ; — et vous verrez l'aisance revenir, la sécurité s'accroître, la consommation reprendre ses anciennes proportions ; — et bien peu d'années suffiront pour que vous retrouviez, dans l'augmentation de produits des impôts indirects, non seulement la rente annuelle que nous vous demandons d'inscrire au budget de l'État, mais le capital même dont son inscription aura accru le chiffre de la dette publique !

Ajoutons que l'établissement et le service régulier des halles auront pour effet de faciliter la perception, et d'augmenter considérablement les revenus de l'octroi municipal, et que le dixième de ces revenus appartient à l'État.

Nous ne voudrions pas insister : cependant il faut bien dire encore que les travaux de voirie du projet Horeau, que nous avons signalés comme tout favorables à la circulation et à la salubrité de la ville, et comme donnant au Gouvernement le moyen de veiller efficacement au maintien de l'ordre et de la paix publique, doivent procurer, en outre, au trésor un avantage matériel important.

Dépenses de voirie.

La rue Saint-Denis et la rue Montmartre sont, l'une et l'autre, classées comme grandes routes, et les travaux qui les concernent sont portés, à ce titre, au budget.

Or, le projet Horeau rectifie la rue Saint-Denis, et lui donne 24 mètres de largeur, à partir de la rue aux Fers. Il prolonge la rue Montmartre et la conduit, également avec une largeur de 24 mètres, jusqu'au quai de la Mégisserie.

Toute la dépense ainsi faite, et qui comprend jusqu'au pavage des rues, s'exécute donc à la décharge de l'État, et doit encore entrer en ligne de compte dans l'appréciation de la subvention.

Qu'on juge, maintenant, si la concession d'un million de rentes à la ville de Paris pour l'aider à faire ses Halles centrales, constitue réellement un sacrifice, et si l'intérêt bien compris du trésor ne vient pas lui-même justifier et appuyer l'allocation.

Terminons par un rapprochement qui s'est plus d'une fois présenté à notre esprit, dans l'étude de cette partie de la question.

L'Empereur a dit, et l'histoire a recueilli ses paroles : « Les Halles, c'est le Louvre du peuple. »

Or, l'Assemblée Nationale fut saisie naguère de la demande d'un crédit destiné à l'achèvement du Louvre.

Cette demande, dictée par la bonne pensée de venir en aide aux artistes et à l'industrie, fut combattue par des objections puissantes tirées de l'état des finances et de la nature improductive des travaux.

Mais personne ne s'avisa de discuter et de critiquer la disposition qui aurait mis la dépense totale à la charge de l'État.

Eh bien ! quand tout le monde trouve juste que, le jour où l'on pourra achever le Louvre, l'État *paie en entier* les travaux du monument qu'il consacrera aux arts, aux traditions historiques, à l'embellissement de la ville de Paris, qui donc pourrait trouver mauvais que l'État *contribuât pour une part* aux travaux du Louvre du peuple, du monument consacré aux nécessités, au bien-être, à l'avantage de tous ?

C'est en invoquant ces considérations, c'est au nom de ces intérêts si divers, si nombreux, si pressans, que nous appellerons sur la question du concours de l'Etat, toute la sollicitude des grands pouvoirs qui doivent s'en saisir et la résoudre, du Président de la République, des Ministres, de l'Assemblée Nationale.

§ V.
CONCOURS DE L'ÉTAT.
Conclusion.

Vous avez tous, leur dirons-nous, le désir sincère de relever les industries qui souffrent, de donner du travail aux ouvriers, de réaliser de larges et fécondes améliorations.

Mais, d'accord sur le but, souvent les moyens vous divisent. La raison politique, la crainte de compromettre un principe, l'énormité des dépenses, l'incertitude des résultats, viennent tour à tour créer des obstacles, et empêcher le bien de s'accomplir.

La contribution de l'État aux Halles centrales de Paris ne peut soulever aucune de ces difficultés ; elle s'appuie sur des propositions que toutes les doctrines enseignent, sur des idées que toutes les opinions revendiquent et se font gloire de défendre.

Comment pourriez-vous hésiter ? Trouverez-vous jamais des nécessités plus grandes à satisfaire, des avantages plus certains à recueillir ? Les deniers publics, dont la disposition vous est confiée, recevront-ils jamais une destination meilleure et plus profitable au pays ?

Quand tant de projets importans se traînent et périssent dans des études préparatoires, ou dans des embarras réels d'exécution, ne vous estimerez-vous pas heureux de rencontrer, sur une question dont la solution est impatiemment attendue, un projet dont tous les élémens sont connus et étudiés, dont tous les moyens d'exécution sont prêts, et pour la mise en action duquel il suffit d'une simple expression de votre volonté.

Et en même temps, ne regarderez-vous pas comme une bonne fortune, l'occasion qui vous est offerte de vous associer, et d'attacher vos noms à une de ces grandes mesures que la recon-

§ V.
CONCOURS DE L'ÉTAT.
Conclusion.

naissance publique sanctionne, et dont le peuple garde la mémoire !

Hâtez-vous donc d'accorder un concours que tout appelle et justifie, et qui doit exercer une influence décisive sur la conclusion de cette immense affaire.

Hâtez-vous, et ne laissez pas la ville de Paris dans la pénible alternative, ou de se grever seule d'une charge que l'État doit, en toute justice, partager avec elle, ou d'ajourner encore des travaux dont l'exécution immédiate sera pour le pays un véritable bienfait.

J. SENARD.

Avocat à la Cour d'Appel de Paris.

Paris.—Imprimerie de E. BRIÈRE, rue Sainte-Anne, 55.

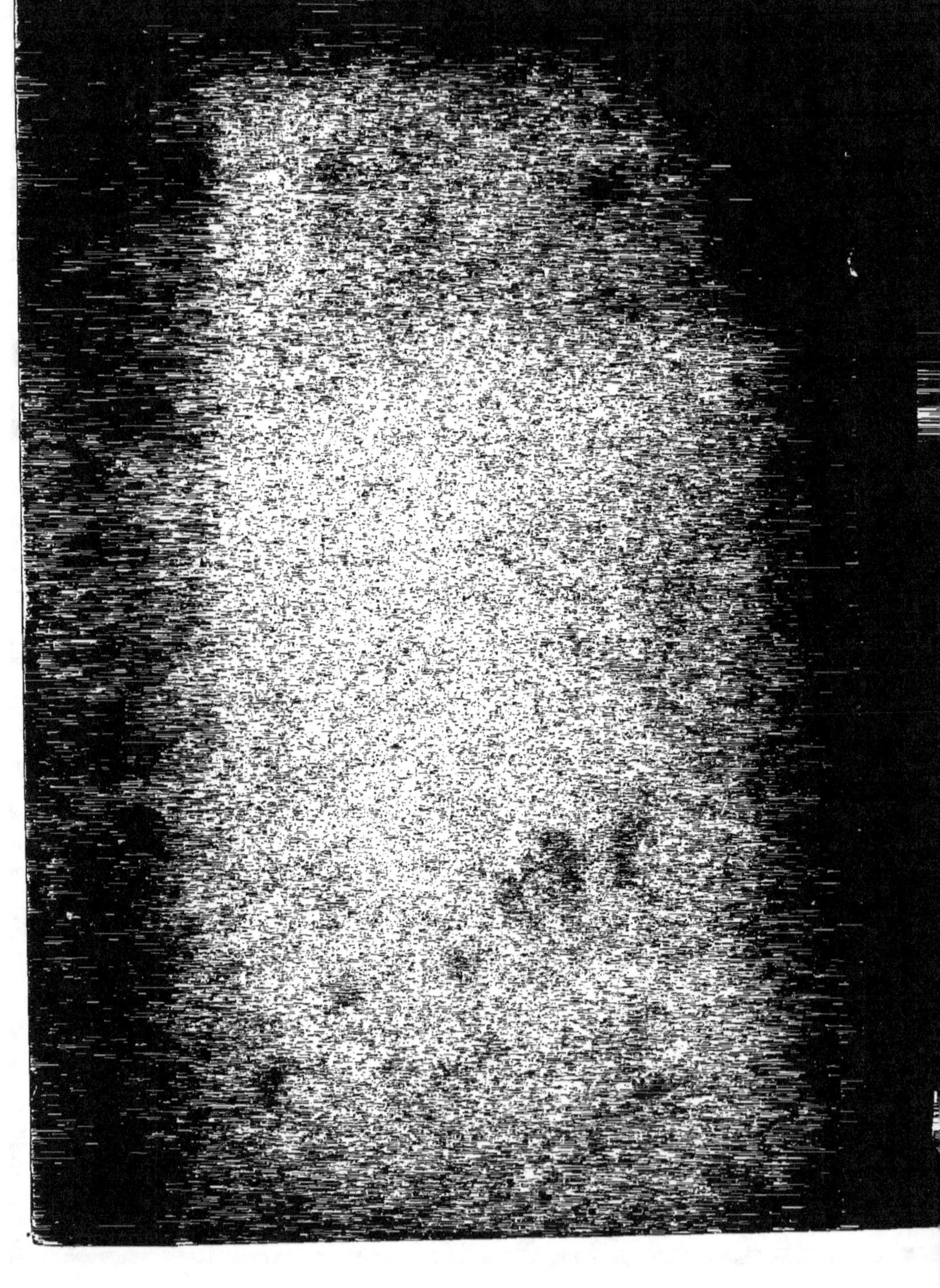